Mit Herz, Humor und Hammelbeinelangziehen: Marco Göllners Buch ist eine zauberhaft geschriebene Liebeserklärung an die Frau, die ihm alles mitgab, was fürs Leben wichtig ist. (Und was sie ihm nicht mitgab, war auch nicht wichtig.)

Marco Göllner ist Lipper und fünf Jahre alt. Beides bis heute. Geboren wurde er 1971 im bekloppten Herford (Preußen!), weil sein Vater sich verfahren hatte. Groß geworden allerdings ist er in Bad Salzuflen, Ortsteil Aspe (Lippe!), wo er die ersten Lebensjahre bei seiner Oma Martha verbrachte. Heute lebt er im Teutoburger Wald und in Berlin und ist seit Jahren Superheld im Sparten-Medium Hörspiel – als Regisseur und Autor. Der strammen Masse wurden er und seine Stimme durch die Intros von «Fest & Flauschig» bekannt, dem Podcast von Jan Böhmermann und Olli Schulz.

Marco Göllner

OMA MARTHA & ICH

Rowohlt Taschenbuch Verlag

Originalausgabe • Veröffentlicht im Rowohlt Taschenbuch Verlag, Reinbek bei Hamburg, Juli 2018 • Umschlaggestaltung ZERO Media GmbH, München • Umschlagabbildung privat • Satz aus der Stempel Garamond, InDesign, bei Pinkuin Satz und Datentechnik, Berlin • Druck und Bindung CPI books GmbH, Leck, Germany • ISBN 978 3 499 63383 6

INHALT

In Erinnerung an
Martha Emma Auguste Kaufmann
kurzzeitige Krüger
geborene Säger
17/12/1913–29/07/2002

Ich vermisse dich, Oma!

ANMERKUNG

Ich habe dieses Buch laut gesprochen und aufgeschrieben, insofern halte ich Sie, liebe über das Buch geneigte Leser, dazu an, es ebenfalls laut zu lesen. Laut im Kopf drin gilt auch.

Es kann (ganz sicher) Spuren von lippischer Grammatik enthalten.

Zum Zwecke des Verständnisses sei an dieser Stelle auf den Buchstaben «G» besonders hingewiesen. Er wird auch mal wie ein stinknormales «G» gesprochen, aber eher selten. Eigentlich wird er wie ein «CH» gesprochen, häufig allerdings auch wie ein «J». Das kommt ein bisschen darauf an, wo er sich im Satz befindet, beziehungsweise welches Wort ihm voransteht. – Jefühlssache is das.

Das «G» als «CH» spricht der Lipper am Anfang eines Wortes immer wie im Wort «ich» und am Ende eines Wortes immer wie im Wort «ach».

(Es sei denn, das Wort endet auf «ig».)

Beispiel: Chuten Tach!

Wenn Sie ein «J» lesen (wo eigentlich ein «G» stehen müsste, wenn man nicht aus Lippe kommt), geben Sie ruhig immer eine kleine Portion «CH» hinzu (wie in «ich»), dann sind Sie auf der «janz» sicheren Seite.

Ebenso kommen Ausdrücke zum Ausdruck, welche vielleicht in den Ohren einiger weniger, die sie kennen, falsch geschrieben sind. Ich entschuldige mich bereits im Vorab dafür, aber ich konnte zu jener Zeit, in welcher die Geschichten passierten, noch nicht schreiben und gebe diese Begriffe somit lautmalerisch wieder.

So, wie ich sie als Kind verstanden habe.

Verstanden?

Chut.

Fangwa an!

SO 'N QUATSCH!

So 'n Quatsch!», sagte Oma.

«Och, bütte!», sagte ich und sah sie ungeheuer lieb an. Wir standen gemeinsam vor der Garderobe im Flur.

«Was wisste mit mein Hut?», fragte sie.

Ich erklärte ihr, dass ich am Ende des Sommers beim Seifenkistenrennen mitmachen wollte. Und ich bräuchte noch einen Helm.

«Mit mein Hut??» Oma schien entsetzt.

Na ja, sagte ich, er sähe doch so ähnlich aus wie ein Helm, und sie selbst hätte doch gesagt, der würde ganz wunderbar auf ihren Dickkopp passen und die Dauerwelle beschützen, selbst gegen Dellen und Beulen, und da sie immer sagen würde, ich hätte ebenfalls einen Dickkopp, müsste er ja dann auch *da* draufpassen und könnte mich somit vor eventuellen Dellen und Beulen beim Seifenkistenrennen beschützen.

«Der is füa chut!», sagte Oma.

Ja, wenn der doch «für gut» sei, erwiderte ich, dann würde der doch ganz hervorragend zum Seifenkistenrennen passen, denn das sei ja auch gut.

«So 'n Quatsch!», sagte Oma.

Das ganze Haus würde mitmachen, erklärte ich ihr. Alle hätten schon zugesagt. Mama und Papa würden beim Bau des Chassis helfen, Großcousine und Großcousin wollten sich um die Lackierung kümmern, Didi wollte sich der Kugellager annehmen, auf dass die etwas schneller drehten, und selbst Tante Creme und Onkel Friedlich hätten bereits zugesagt, mit entsprechenden Fähnchen am Straßenrand zu stehen und dem Fahrer Mut zuzurufen.

«Und was macht Üttchen?», fragte Oma.

Die hätte sich bereit erklärt, das alles gut im Auge zu behalten, erklärte ich. Von ihrem Stuhl aus.

Das seien ja wohl Fiesematenten, ließ Oma wissen.

Nein, sagte ich, aber der fiese Hennes hätte letztes Jahr gewonnen und das Jahr davor auch, und ich hätte entschieden, dass sich dieser Umstand in diesem Jahr ändern sollte.

«Mit mein chuten Hut?» Omas Augen waren sehr groß geworden.

Ich versuchte erneut, ungeheuer lieb zu gucken, neigte etwas den Kopf und machte ebenfalls große Augen. «Nich?»

«Nee!» Oma schüttelte den Kopf.

Das sei aber ganz sicher eine herbe Enttäuschung für den Rest vom Haus, wenn ich diese traurige Nachricht überbringen müsste, merkte ich an. Ich könnte mir vorstellen, dass der ein oder die andere sogar weinen würde müssen bei der Vorstellung, dass wir dieses Jahr nicht wie geplant den Sieg einfahren würden, bloß weil Oma sich weigern würde, ihre Kopfbedeckung mal auszuleihen. Und dann fügte ich hinzu, dass wir die ganze Sache doch vielleicht durch eine Abstimmung basisdemokratisch auf sichere Füße stellen könnten.

«Abstimmung», wiederholte Oma leicht lächelnd, wurde aber sofort wieder ernst und etwas lauter: «Abstimmung, Abstimmung – BE-stimmung!!»

Abstimmung würde ganz flott gehen, sagte ich. Wir würden uns alle gemeinsam treffen, und ich würde die entsprechende Frage in den Raum werfen, und dann würde jeder, der dafür ist, den Arm heben.

«Das wär ja noch schöner!», sagte Oma. «Das machen wa überhaupt nich! Cha nich!» Dass Leute gemeinsam den Arm heben würden, sei seit einigen Jahren – ein Glück – sowieso nicht mehr «in», und Abstimmung oder ähnlichen Quatsch hätte es in diesem Haus ja noch nie gegeben.

«Das hat's ja noch nie jejeben!», sagte Oma laut. «Das wär ja noch schöner!»

Ich wandte ein, dass, wenn es doch noch schöner wäre, wir es doch vielleicht einmal ausprobieren sollten.

«Das wär ja noch schöner!», sagte Oma laut. «Das hat's ja noch nie jejeben!»

Ja, aber wir könnten doch mal was Neues ausprobieren, wollte ich sie locken.

«Was Neues?», sagte Oma immer noch laut. «Das wär ja noch schöner!»

Ich hatte irgendwie das Gefühl, die Konversation verfahre sich im Kreisverkehr, und schlug vor, die Entscheidung darüber zu vertagen.

Sie könne dann ja noch mal tief in sich reinhören.

Oma sagte, sie hätte schon mal tief in sich reingehört. Und nicht nur das, sie hätte sogar schon mal in sich reingerufen! Tief sogar! Da hätte aber keiner geantwortet.

Also sei da nix.

Ach so.

Und wenn ich jetzt nicht mit den Sperenzchen aufhören würde, müsse sie wohl doch noch ihr Nachthemd zurückfordern, das ich seit nunmehr vier Tagen trug, weil ich doch ein Gespenst war. (Mit Ambitionen, Rennfahrer zu werden.)

«Aber das is meins!», sagte ich sehr bestimmt.

«Meins, meins!», sagt Oma vorwurfsvoll. «Mach ma die Augen zu! Wasde dann siehst, das is deins!» Und mit diesen Worten verschwand sie in der Küche.

Ich stand allein auf dem Flur unter Omas Garderobe und schloss meine Augen.

Und ich sah … eine ganze Welt!

HALT 'N MUND UND STOPPA WAS RIN!

Ich verbrachte meine ersten Lebensjahre bei Oma. Und Oma hieß mit Vornamen Martha.

Genau genommen war meine Oma gar nicht meine Oma, sondern meine Urgroßoma, also die Oma meiner Mutter. In Anbetracht der Tatsache allerdings, dass die Mutter meiner Mutter zu diesem Zeitpunkt grad verstorben war, war Uroma für mich Oma.

Genauer geschrieben war sie «Omma». Und ihr Vorname: «Machta».

Denn so spricht man hier.

In Lippe.

Mama war noch in der Ausbildung zur Friseuse und Papa beim Bund. Sie hatten frühzeitig rumgemacht, wie es in unserer Familie üblich war.

Oma lebte ihr ganzes Leben in Bad Salzuflen.

Geboren wurde sie kurz vor dem Ersten Weltkrieg irgendwo zwischen Kühen, Schweinen und sechs Geschwistern im Ortsteil Lockhausen. Später zog sie in den Ortsteil Aspe. Was ungefähr drei Kilometer straßabwärts liegt. Das war auch schon fast ihre weiteste Reise, außer ein paar Tagen am Wolfgangsee, damals, als sie bei einem Preisausschreiben gewonnen hatte. Aber das hatte ihr nicht gefallen. Sie hatte Heimweh bekommen. Und da Heimweh bekanntlich schlimmer ist als Hunger und Hunger ziemlich schlimm ist, wie Oma nicht müde wurde, bei jeder Mahlzeit zu betonen, fuhr sie fortan nie mehr fort.

Oma sagte immer, sie hätte schon dann Heimweh, wenn sie den Kirchturm nicht mehr sehen könne. Worauf ich sie fragte, ob sie denn jetzt in diesem Moment auch gerade Heimweh habe, da sie den Kirchturm ja hier in ihrer Küche gerade nicht sehen könne.

«Halt 'n Mund und stoppa was rin!», sagte Oma.

Als Kind dachte ich immer, Haltnmundundstoppawasrin sei ein einziges Wort, denn Oma sagte es ohne Pause, und meist stellte sie zur Bekräftigung ihrer Aussage, gleichzeitig mit Haltnmundundstoppawasrin, einen Topf oder eine Schüssel sehr laut auf den Küchentisch. War dergleichen nicht zur Hand, nahm sie die Hand und schlug flach auf denselbigen. Diese Kombination aus dem Geräusch eines energisch hingestellten Gegenstands, gepaart mit dem Satz aus dem Mund meiner Oma, ging mir so in Fleisch und Blut über, dass ich noch Jahre später, immer wenn irgendetwas lauter auf irgendeinen Tisch gestellt wurde, sofort und ohne zu überlegen und reflexartig sagte: «Halt 'n Mund und stoppa was rin!»

Den unrühmlichen Höhepunkt fand diese Eigenart in *dem* Moment, als ich Jahre später mit einer meiner ersten Eroberungen, die ich erst tags zuvor kennengelernt hatte, des Nachts auf ihrem Sofa saß und sie gerade nach einem sehr langen Monolog die Weinflasche wieder zurück auf den Couchtisch stellte.

Ich sah sie nie wieder.

ÜTTCHEN

Oma hatte im Laufe der Jahre zwei Ehemänner verschlissen.

Der erste sei in Südfrankreich im Krieg geblieben, sagte sie immer.

In Südfrankreich (wo immer das war) war also noch Krieg, folgerte ich.

Und der zweite sei ihr weggestorben, habe aber seinen Namen dagelassen. Und seine Schwester. Denn Oma wohnte nicht allein. Üttchen wohnte bei ihr.

Üttchen war sehr dick und genauso hoch wie breit und nicht größer als wir Kinder, aber sie hatte immer einen Taler in der Tasche. Das machte sie sehr beliebt. Denn sie gab den Taler auch gerne mal weiter und sagte dann: «Stecka man chut wech!»

Und das taten wir immer. Wir steckten den Taler immer gut in den Süßigkeitenautomaten in Omas Straße und drehten an dem Dreher und klappten an der Klappe und nahmen dann unten die Süßigkeiten heraus, und die steckten wir gut in den Mund.

Wenn Üttchen lachte, hörte man nichts.

Sie wackelte dann bloß. Überall. Und das Möbelstück, auf dem sie saß (und sie saß meist), dann ebenfalls. Ihr Körper bebte, das Gesicht war stark verzogen, die Augen nicht zu sehen und der Mund zu und zittrig. Dann lief sie blau an, und immer in *dem* Moment, in dem alle dachten, spätestens *jetzt* müsse man aber den Notarzt rufen – atmete sie ein.

Ein langes, lautes, gieriges Einatmen. In dieser Art und Lautstärke ansonsten lediglich bekannt von Blauwalen nach einem Tauchgang.

Sah auch so ähnlich aus.

Üttchen trug Perücke. Denn sie habe all ihre Haare im Krieg gelassen, sagte Oma. Ich überlegte, was wohl noch alles im Krieg geblieben war. Und was Omas erster Mann mit Üttchens Haaren wollte?

Üttchen hieß eigentlich Auguste. Wurde aber immer Jutte gerufen. Aber wir Kinder konnten das *J* nicht so gut sprechen, also riefen wir sie Ütte. Ich glaube, mein Vater war es, der dann die Verniedlichungsform anhängte und sie zu Üttchen machte.

Sie hatte ihr ganzes Leben bei «Hoffmann's Stärke» gearbeitet und dort wohl so viel zu tun gehabt, dass sie nie die Zeit gefunden hatte, einen Mann kennenzulernen.

Mein Onkel äußerte einmal leise die Vermutung, sie würde wohl «unjeöffnet zurückchehn».

TANTE CREME UND ONKEL FRIEDLICH

Über Oma und Üttchen wohnte Onkel Friedlich, Omas Sohn, mit seiner Familie. Über Onkel Friedlich selbst gibt es hier nichts weiter zu sagen, denn er selbst sagte auch meist nichts. Er war sozusagen nichtssagend. Genau genommen kann ich mich nicht erinnern, ihn jemals sprechen gehört zu haben. Ganz im Gegensatz zu seiner Frau. Die redete gern und viel und wusste alles und alles besser. Sie gab vordergründig vor, gute Laune zu haben, und grinste viel.

Selbst wenn ihr Mund geschlossen war.

Denn sie verfügte über einen äußerst bemerkenswerten Oberkiefer, gespickt mit hundert daumendicken Zähnen, alle ungefähr gleich groß und alle flächig nebeneinander, was von vorne so aussah wie eine Wand mit gelben Tapeten, auf der die einzelnen Bahnen nicht ganz auf Naht geklebt worden waren.

Lud Oma des Sonntags zum Kaffee, war nicht nur ihr Sohn eingeladen, sondern leidlicherweise wegen des Umstandes der Heirat auch seine Frau. Und da sie die Prinzessin des Hauses war und die kürzeste Anreise hatte, nämlich nur eine Treppe bergab, kam sie natürlich immer als Letzte.

Und *bevor* sie dies tat, rieb sie sich ihre Hände mit Handcreme ein!

Über die Menge, die sie dafür benutzte, lassen sich bloß

Vermutungen anstellen. *Dass* es allerdings so war, daran besteht kein Zweifel. Denn immer wenn sie den Raum betrat, war sie noch dabei, ihre Hände ineinanderzureiben.

Aufgrund des opulenten Repertoires an Creme und der Tatsache, dass diese noch nicht vollständig eingezogen war, entfleuchten dabei immer wieder kleine, flatulenzartige Geräusche aus ihren Handinnenflächen. Ich fragte mich, was wohl passieren würde, würde die Creme tatsächlich einmal vollständig in ihre Hände einziehen. Sie hätte ganz bestimmt Pfoten so groß wie Schaufelbagger.

Auf jeden Fall begrüßte sie dann mit diesen fett eingefetteten Griffeln jeden einzelnen Gast mit Handschlag. Mit der Rechten. Besonders wohlgesonnenen Menschen legte sie außerdem die tätschelnde Linke obendrauf. Und wir Kinder bekamen einen Streichler über die Wange. Wahlweise rechts oder links. Obwohl ich nicht wusste, was was war. Eine Eigenschaft, die mir bis heute zu eigen ist.

Einmal habe ich mit dem Fett von meiner Wange die Kufen meines Schlittens eingerieben und ihn so um ganze 20 km/h schneller gemacht. Dafür war es also ganz gut.

Beim Kaffeetrinken jedoch war es eine Katastrophe.

Tante Cremes Handschlag führte regelmäßig dazu, dass mehreren Gästen die Kaffeetassen entglitten, was stets zu einer Riesensauerei führte.

Einmal musste Onkel Friedlich sogar ins Krankenhaus gebracht werden, da eine Kuchengabel in seinem linken Tränensack steckte. Sie war Üttchen aus der Hand geflutscht, als die auf einen der Stühle gedeutet und zu mir gesagt hatte: «Geh du ma da sitzen!»

Tante Creme heuchelte bei jedem dieser Missgeschicke

Entsetzen, aber egal, was der Rest ihres Gesichts auch versuchte: Die gelbe, schlecht verklebte Tapete grinste und grinste.

HAARE

Nachdem Mama ausgelernt hatte und richtige Friseuse war, schnitt sie uns allen die Haare. Meinem Vater, meinem Bruder, unserer Großcousine und unserem Großcousin und natürlich auch mir.

Mama hatte das Haareschneiden sehr gut gelernt. Sie konnte die erlernte Frisur exakt kopieren. Was zur Folge hatte, dass man schon von weitem sah, dass wir wohl alle miteinander verwandt sein mussten. Es war eine gute Frisur. Sie erwies sich als sehr moderesistent und wurde über viele Jahre beibehalten. Mein Vater trägt sie noch heute. Meine Mutter sagt, er trage sie auf.

Bei uns Kindern und meinem Vater wurden die Haare *geschnitten*, bei Oma und den anderen wurden die Haare *gemacht.* Das war ein Unterschied. Der Unterschied bestand hauptsächlich darin, dass Oma sich die Haare vorher waschen musste, und erst dann wurden sie geschnitten. Mama kippte Flüssigkeit aus einer kleinen Plastikflasche über Omas Kopf und knetete diese in die Haare hinein. Oma hatte dann einen Waschlappen vor dem Gesicht und atmete schwer. Danach wurden die Haare auf Lockenwickler gedreht und mit kleinen gebogenen Drähten am Kopf festgemacht. So fest, dass Oma immer die Augen zukniff, wenn Mama den Stachel durch die Wickler trieb.

Waren alle Haare fein aufgedreht, stülpte Mama Oma die

Haube über. Die Haube war so etwas wie eine Luftmatratze für um den Kopf herum. Erst war sie ganz schlapp und sah aus wie eine weiße Sturmmütze, die unten nicht zugebunden worden war, doch wenn Mama das Gebläse bediente, plusterte sie sich auf und wurde groß und dick und fett und heiß am Kopf. Das Gebläse war dann so laut, dass Oma kein einziges Wort verstehen konnte. Was uns Kinder dazu veranlasste, sie nach Strich und Faden zu beleidigen. Aber eigentlich taten wir nur so, als würden wir böse Dinge sagen, und bewegten bloß die Lippen. Oma lachte meist, hob drohend den Zeigefinger und sagte: «Freundchen!»

Frisurentag war immer der Samstagnachmittag. Mama machte dann auch Üttchen die Haare, und immer wenn das passierte, mussten wir Kinder die Küche verlassen, denn keiner sollte Üttchen ohne Perücke sehen. Manchmal aber, wenn einer in die Küche hineinging oder sie verließ, sahen wir durch den Schlitz den kahlen Kopf. Und als ich Jahre später den zweiten Teil von Krieg der Sterne sah, als der Admiral zu Darth Vader ins Stübchen kommt und er durch den Spalt gerade noch so sieht, wie Darth Vader den Helm aufgesetzt bekommt – dachte ich an Üttchen!

Eines Tages hatten wir Kinder uns die «Wir-stülpen-eine-Decke-über-jeden-der-durch-die-Tür-kommt»-Beschäftigung ausgedacht und schon an verschiedenen Hausbewohnern erfolgreich getestet, als Üttchen hereinkam. Beim Überstülpen war es noch recht lustig, aber beim Abziehen der Decke nahmen wir ungewollterweise auch Üttchens Perücke mit. Keiner lachte mehr, und wir verließen auf dem Absatz den Raum, so wie wir es gelernt hatten, wenn sie oben ohne war. Üttchen selbst sagte an jenem Nachmittag nur noch einen einzigen Satz zu uns: «Na, das machta ja woh nicht noch ma, ne?!»

Und nachdem wir kopfschüttelnd verneint hatten, wurde nie wieder ein einziges Wort über diesen Vorfall verloren.

BIGGI UND BANDA

Ich war ein sehr einfaches Kind. Bis auf den Vorfall mit Üttchens Perücke verhielt ich mich eher unauffällig. Von einem frühen gesundheitlichen Problem einmal abgesehen: Dieses eine Mal setzte alles bei mir aus, und ich wurde in Omas Arm ins Krankenhaus gefahren. Ich, fast noch ein Baby und ohnmächtig. Keiner fand je heraus, was es wirklich war, aber Oma machte sich seither mehr Gedanken um mich als um die anderen Kinder und beäugte und betrachtete mich stets mit einer Mischung aus Misstrauen und Mitleid.

Ansonsten war die Pflege, Fütterung und Beaufsichtigung meiner Person eine einfache. Man brauchte mich lediglich irgendwo abzusetzen, und schon beschäftigte ich mich mit mir selbst.

In Ermangelung irgendwelcher Spielsachen erfand ich Biggi und Banda. Meine eine und meine andere Hand, die sich miteinander unterhielten. Selbstverständlich mit unterschiedlichen Stimmen. Sonst hätte ich sie ja kaum auseinanderhalten können, denn ich wusste ja nicht, wo rechts und wo links ist.

Eine Eigenschaft, die mir bis heute zu eigen ist.

Allerdings brachten gerade solche und ähnliche Dinge Oma dazu, mich immer argwöhnisch zu beobachten und manchmal leise zu Mama zu sagen: «Der Junge hat doch nichts davongetragen, oder?» Woraufhin Mama aber nichts antwortete, sondern mich lediglich sorgenvoll ansah.

Ich versuchte, so zu tun, als hätte ich nichts gehört, fragte mich aber die ganze Zeit, was Oma wohl meinte. Ich saß doch nun schon so lange still hier in der Ecke und hörte zu, wie sich Biggi und Banda unterhielten. Und hatte mich nicht fortbewegt. Wie sollte ich da irgendetwas davongetragen haben? Und wenn Oma etwas suchte, warum fragte sie mich dann nicht selbst? Eine Eigenschaft, die ich bei Erwachsenen im Laufe der Jahre immer wieder feststellte: Sie unterhielten sich miteinander über eine dritte Person, als wäre diese nicht mit im Raum.

War sie aber.

So ein Blödsinn.

Selbst Biggi und Banda erwischte ich einmal, wie sie über mich redeten.

MAROTTE

Immer wenn ich mich mit etwas Neuem beschäftigte und dieses dementsprechend lang durchzog, weil mir noch nichts noch Neueres eingefallen war – ich zum Beispiel jemanden im Fernsehen gesehen hatte, den ich dann in Haltung und Sprache nachmachte –, fragte Oma: «Was is' das denn wieda fünne Marotte?»

Ich blickte mich suchend um, sah aber keine. Ich wusste ja nicht mal, wie eine Marotte aussah.

Da Oma nichts Näheres dazu erläutern wollte, musste ich meine eigenen Schlüsse ziehen. Eine Marotte war bestimmt so etwas Ähnliches wie eine Karotte. Wahrscheinlich also rot und zum Essen und sicherlich dicker, denn «Ma» hörte sich dicker an als «Ka». Also war eine Marotte ganz bestimmt die dicke Schwester von Karotte. Und da Karotte auch Möhre hieß, musste Marotte wohl auch Köhre heißen. Sosehr ich mich aber umsah, immer wenn Oma das fragte, sowenig sah ich irgendetwas rotes Dickes.

Außer Üttchen.

Oma sah also Dinge, die gar nicht da waren. Mama sagte später einmal, das sei so bei alten Leuten, also ging ich im Folgenden nicht mehr darauf ein.

Lediglich einmal, als Oma und Mama mich dabei beobachteten, wie ich mit Onkel Friedlichs Strohhut und Omas erster Mann «sein Bambusspazierstock» und Üttchens Brille (die sie schon den ganzen Morgen suchte) so tat, als würde ich an der Küchenuhr hängen, weil ich Harold Lloyd in «Ausgerechnet Wolkenkratzer» imitierte und Oma wieder fragte: «Was is' das denn wieda fünne Marotte?», antwortete ich trotzig, laut und leicht genervt: «Oma, hier is' keine Köhre!»

Den Blick, mit dem sie mich daraufhin ansah, sah ich in den gemeinsamen Jahren danach noch des Öfteren im Gesicht meiner Oma.

Kurz darauf beugte sie sich zu Mama herüber und fragte ganz leise: «Der Junge hat doch nichts davongetragen, oder?»

APPES BEIN

Irgendwann lief dieses Lied immer im Radio: «Schmidtschen Schleischer mit den elaschtische Beine». Und ich fragte mich, was der Mann da singen tut. Und warum man im Radio was singen darf, wenn man eine so *schleschte* Aussprache hat. Oma erklärte mir, der Mann käme aus einem anderen Land. Sei also Ausländer. Aus Holland. Also Holländer. Und die würden halt so reden.

Ach so.

Ich fragte mich, wie die Ausländerholländer einander verstehen würden, wo sie doch eine so *schleschte* Aussprache hatten.

Aber irgendwie klang es auch sehr, sehr niedlich.

Und es klang auch fast wie Deutsch.

War ohrenscheinlich nicht so schwierig, das Holländische.

Also entschied ich, Holländisch zu lernen. Entlang dieses Liedes.

Ich verbrachte viele Stunden vor dem Volksempfänger mit Warten darauf, dass das grüne Lämpchen vollständig leuchtete und er somit anging, und dann damit, dass das Lied wieder gespielt wurde.

Und dann, eines Abends, trat der Mann außerdem im Fernsehen auf. Verrückt! Der sah aus wie Harold Lloyd in «Ausgerechnet Wolkenkratzer»! Nur ohne die Brille. Dafür mit gewaltigem Schnurrbart. Das halbe Kostüm hatte ich also schon!

So kam es, dass ich meine Performance ausweiten konnte. Fortan lernte ich Holländisch mit den Beinen schlackernd, mit Strohhut und singend. Als Schnurrbart benutzte ich ein kleines Haarteil, das Mama während ihrer Ausbildung zur Friseuse geknüpft hatte, um daran zu üben, wie man eine Perücke erstellt, und das sich ihr Bruder Didi ab und an tief in den tiefen Ausschnitt seines Hawaiihemdes klebte.

Ich war sehr fleißig und sehr ausdauernd. Ich probte so lange, bis ich alle relevanten Textstellen und jedwede Fußstellung und Armbewegung perfekt beherrschte. Über die nicht relevanten Stellen sang ich Holländisch lautmalerisch und ekstatisch zappelnd einfach drüber weg.

Üttchen, die ab und an den Flur passierte, in dem das passierte (weil dort der Spiegel hing, in welchem ich mich selbst kontrollierte und zudem mein eigenes Publikum bildete), wackelte bloß amüsiert.

Oma, die auch da langging, wo es abging, schüttelte allerdings den Kopf – wieder diesen mir allzu bekannten Blick im Gesicht – und fragte leicht verzweifelt und leise: «Was is' das denn wieda fünne Marotte?»

Ich ließ mich nicht beirren. Drei, vier Tage später hatte ich meine Performance komplett und in all seiner Finesse drauf. Man hätte mich nachts wecken können, ich hätt's sofort abspulen können. Nun war es so, dass mein Geübe wegen des Gesangs nicht leise vonstattenging, und somit war natürlich auch der Rest des Hauses relativ informiert über das, was ich einstudiert hatte. Inklusive aller durchlaufenen Stadien auf dem Weg dorthin. Privatsphäre wurde zu dieser Zeit noch nicht groß geschrieben. Hätte irgendjemand eingefordert, er brauche «jetzt aber endlich mal seine Privatsphäre», hätten alle anderen vermutet, der wolle bloß allein sein, um etwas sehr, sehr Unanständiges zu tun.

Wie Popeln, oder so.

Der Rest des Hauses war aber nicht bloß relativ *informiert* über meinen Ausflug ins Showgeschäft, sondern auch relativ *amüsiert.* Sogar Tante Cremes Grinsen sah irgendwie fröhlich aus. Was dazu führte, dass ich im Verlaufe einer der folgenden üblichen Familienfeiern aufgefordert wurde, diese Hochglanzdarbietung doch mal darzubieten. Das Lied und der holländische Ausländer hatten es in der Zwischenzeit zu weitläufiger Bekanntheit gebracht, und zwar bekannt aus Funk und Fernsehen.

Doch ich war besser.

Das lang anhaltende Johlen und die Pfützen in den Augen vieler meiner Verwandten ließen mich dies (zu Recht) vermuten. Applaus gab es auch. Und eine kleine Zugabe. Man forderte, noch einmal meine lautmalerische Holländisch-Improvisation hören zu dürfen.

Durfte man.

Der Erfolg dieses meines ersten kleinen, aber feinen Auftritts führte zu meiner ersten kleinen, aber feinen Wohnzimmer-Tour. Durch die guten Stuben der Mischpoke. Sogar Tante Creme fand, sie könne dieses erstklassige Spektakel ihrer Rommee-Runde nicht vorenthalten. Sie sah am Ende irgendwie richtig glücklich aus.

Wenn man sich die Zähne wegdachte.

Ja, ich würde in der Rückschau sogar so weit gehen zu behaupten, ich war zwar kürzer, aber um Längen besser als das Original. Ich befand mich in einem Stadium, in dem der ausländische Holländer von mir hätte sich was abgucken können.

Tatsache!

Doch besser als das Original reichte mir nicht. Ich strebte nach höheren Weihen. Und erweiterte mein Repertoire um einige Variationen. Je nach akut vorhandener Stimmung in der Bude wurde nun mal langsamer gesungen oder schneller oder der Hut gelüftet oder der Bart ans Kinn geklebt oder, oder, oder, oder.

Nun stand Onkel Günthers Geburtstag an. In Lockhausen mochte man von meiner Highclass-Performance schon gehört haben, erlebt hatte man sie noch nicht. Das sollte sich ändern. Und weil Onkel Günther ein appes Bein hatte, wollte ich ihm zu Ehren die gesamte Nummer ebenfalls auf nur einem Bein absolvieren. Ich übersetzte sogar den Text in die Einzahl und fügte eine persönliche Anrede ein.

«Onkel Günther mit dem ap-ap-appen Beinsche ... wie er gefährlisch mit dem Knieschen federn kann ...»

Ich fragte Oma, welches denn das appe Bein von Onkel Günther war, das eine oder das andere. (Denn ich wusste ja noch nicht, was rechts und was links ist. Eine Eigenschaft ... Sie wissen schon.)

«Das andere», meinte Oma.

Also nahm auch ich das andere, klappte es so ein, wie die Natur es vorgesehen hat, und stieg mit diesem eingeklappten appen Bein dann in meine Buxe. Diese rollte ich von unten her auf und fixierte die entstandene Jeans-Roulade dann mit zwei Wäscheklammern. Genauso wie Onkel Günther das auch immer machte.

Nach nicht einmal zwei Stunden hatte ich es drauf. Konnte losgehen. Selbstverständlich verriet ich niemandem von meiner Spezial-Überraschungs-Darbietung, sollte nämlich eine Überraschung werden. Nach Essen und einer Runde Kurzen wurden die Zigarren angezündet. Und ich wusste, gleich war es so weit. Ich präparierte also auf Klo mein appes Bein, und nach kurzer Ansage von Oma («Alle ma ruich! Der Junge will was aufführen») hoppelte ich in die Mitte der dunkelbraunen Schrankwand, genau dorthin, wo hinter mir die guten Gläser wohnten. Mein üblicher Auftrittsort auf meiner Tour durch die Wohnzimmer der Verwandtschaft.

Ich wusste halt, wohin. Ich war halt schon ein alter Hase.

Hui! Die waren wirklich ruhig! Omas Ansage hatte es in sich gehabt.

Ich weiß, Lockhausen, darauf hast du gewartet! Jetzt sollst du es bekommen! Siehe es! Höre es! Fühle es! Und schick den Holländer zurück ins Ausland, ich bin ja jetzt da.

Onkel Günthers Zigarre wackelte gefährlich, während er auf mein appes Bein starrte. Wahrscheinlich die Aufregung.

Hah! Ich musste innerlich kurz auflachen, denn wie sollte man auf etwas starren, was ja gar nicht da war! Wahrscheinlich bewunderte er bloß die Jeans-Roulade. Tja, Perfektion in Reinform.

Ich legte los. Fing gleich mit dem Refrain an. Gab Lockhausen die Chance, sofort mit einzusteigen. Tante Creme wurde so blass wie die Schmiere in ihren Handflächen. Vor Neid. Ganz bestimmt. Tja, wer kann, der kann. Und wer hat, der hat. Und wer nicht, der nicht.

Vor meinem inneren Auge sah ich, wie der ganze Saal

auf einem Bein hüpfte und sich grölend in den Armen lag. Vor meinem äußeren Auge sah ich, wie eine Krücke an meinem Kopf vorüberflog. Sie splitterte hinter mir in die Glasausstellungsebenen der dunkelbraunen Schrankwand. Ich duckte mich reflexartig, verlor das Gleichgewicht und fiel zu Boden. Die Krücke rutschte noch schnell durch die guten Gläser und landete dann ebenfalls am Boden. Onkel Günther rief irgendwas, aber ich konnte es nicht verstehen, da alle anderen laut aufschrien. Es war wahrscheinlich so etwas wie «Zugabe» gewesen. Oma jedoch entschied, dass die Party nun vorbei war. Und was Oma sagte, wurde ja bekanntlich gemacht.

Im Handumdrehen saß ich samt appen Bein im Wagen. Tante Creme fuhr uns alle nach Hause. Ich verfluchte sie leise. Denn sie hatte ja wieder allen die Hand geschüttelt. Und natürlich besonders innig dem Geburtstagskind. Kein Wunder, dass Onkel Günther dann in äußerster Ekstase die Krücke entflutscht war. Tante Creme war an all dem schuld gewesen! Sie hatte Lockhausen um einen seiner größten kulturellen Momente gebracht.

PERLT ALLES AB

Oma verlor mir gegenüber kein weiteres Wort über den Vorfall.

Die Party war von ihr abgebrochen worden und das Geschehene somit abgehakt.

So ab wie Onkel Günthers appes Bein.

Der rief zwar in den folgenden Tagen noch ein paarmal an, aber Oma sagte bloß, sie würde ihn kaum verstehen. Das läge wohl am Netz. Am Haarnetz. Das habe sich in der Muschel verfangen, er solle es morgen noch mal probieren.

Dann legte sie auf, schmunzelte ein bisschen und sagte: «Perlt alles ab!»

Erledigte Oma irgendeine Haus- oder Gartenarbeit, wurde zuvor ein Mantel ohne Ärmel übergezogen. Über das, was sie sowieso schon anhatte. Was dazu führte, dass sie manches Mal sehr lustig aussah, weil dann aus dem Mantel an diversen Stellen Rüschenkragen hervorquollen oder völlig andersfarbige Kleidungsstücke darunter hervorblitzten.

Oma hatte diese hübschen Mäntel in allen Farben, die es gab. Einfarbig, zweifarbig, dreifarbig, ganz bunt und gerne auch mit Blumen drauf. Oma liebte Blumen! Und da Oma eigentlich *immer* irgendeine Haus- oder Gartenarbeit verrichtete, trug sie auch immer diese Mäntel. Sie schienen aus dem gleichen Material gemacht worden zu sein, aus dem auch Omas Tischdecke gemacht worden war, welche sich den Sommer über draußen mit Klammern am Gartentisch festkrallte.

Als sie wieder einmal mit durchgestreckten Beinen, aber ansonsten vollständig vornübergebeugt mit dem Kopf im Rhabarberbeet hing und ihr ein Tropfen aus der Locke perlte, fragte ich: «Na? Schwitzte?»

Oma stöhnte bloß.

«Wenn dir so warm is, warum ziehste dann nich den Mantel aus?»

Oma richtete sich auf, in der einen Hand ein Küchenmesser, in der anderen drei Rhabarberstangen, wobei von der einen augenscheinlich vor kurzer Zeit bereits einmal abgebissen worden war, und sagte: «Das is kein Mantel, das is ne Kittelschürze.»

Der Tropfen aus ihrer Locke hatte die Spitze ihrer Nase erreicht.

Ach so.

«Aber wenn einem warm is, muss man was ausziehen. Sagst du auch immer zu mir», sagte ich.

Ja, sagte Oma, das stimme grundsätzlich natürlich, aber das gelte nicht für Kittelschürzen.

Der Tropfen wippte.

Denn einzige Bestimmung einer Kittelschürze sei es nun mal, erklärte sie mir, die darunterliegende Kleidung vor Schmutz, Wind und Wetter zu beschützen, und wenn man die ausziehen würde, würde man sie ja ihrer Bestimmung berauben und sie somit nutzlos machen. Und das sei ja nicht im Sinne der Erfinderin gewesen.

Der Tropfen fiel.

Es sei ein ganz hervorragendes Kleidungsstück, ließ Oma

verlauten, denn nichts, aber auch gar nichts, würde durch eine Kittelschürze hindurchdringen. Weder von drinnen noch von draußen.

Der Tropfen rollte auf der Kittelschürze bergab. Ich wusste, was sie meinte. «Super, Oma!», sagte ich. «Nicht mal die Schwitze, die aus deinem Kopf läuft, weil dir so warm ist, weil du den Kittel trägst, kommt da durch!»

«Jenau!», sagte Oma. «Perlt alles ab!»

«Astrein!», sagte ich. «Auch wenn einer spuckt?»

«Jawoll!», sagte Oma. «Perlt alles ab. Sogar blöde Bemerkungen!»

«Dann kommt da auch kein Regen durch?», fragte ich.

«Perlt alles ab!», sagte Oma stolz.

«Prima, Oma! Kann ich dann einen Kittel von dir haben und mir ein Zelt daraus bauen?»

«Frach Üttchen!»

OFFENES GEHEIMNIS

Wenn Oma sich abends umzog, also von der Tageswäsche in die Nachtwäsche wechselte, dauerte das sehr lange. Denn die Knöpfe, die sie dafür öffnen musste, wurden von Schicht zu Schicht immer kleiner. Erst die großen Knöpfe von der Kittelschürze, dann den einen normal großen Knopf am Rock (plus Reißverschluss), dann die etwas kleineren Knöpfe am Ausschnitt vom Strickpullover, dann die ganz kleinen Knöpfe am Korsett und dann die ganz, ganz kleinen Knöpfe am Mieder, die dann Haken waren. Und wenn sie damit fertig war und in ihr Nachthemd geklettert war, war sie ganz schön aus der Puste, und Schweiß rann ihr aus den Locken. Ich lag im Federbett und beobachtete sie von dort und sagte: «Oma! Zieh schnell wieder den Kittel über, die Schwitze rollt!»

Aber Oma hatte es anscheinend nicht gehört, denn sie reagierte nicht. Das kam übrigens häufiger vor, und ich hatte Angst, dass Oma taub werden würde, und Mama darauf angesprochen. Aber die sagte mir, da solle ich mir mal keine Sorgen machen, denn Oma verfüge über die seltene Gabe, bloß das zu hören, was sie hören wolle.

Das war ja praktisch, dachte ich mir.

Oma setzte sich im geblümten Nachthemd auf die Kante ihres Bettes und fing an, ihre braunen Strümpfe an ihren weißen Beinen hinunterzurollen. Dabei kam wieder diese dunkle Stelle an einem ihrer Schienbeine zum Vorschein, die ich schön öfter bemerkt hatte, und diesmal fragte ich: «Haste Aua da?»

Oma kratzte grob um die schwarze Fläche drum rum und sagte wie beiläufig: «Das is 'n offenes Bein.»

Hch! Ich atmete entsetzt ein.

«Du hast ein offenes Bein?»

«Ja, ich happn offenes Bein.»

Ich richtete mich auf und starrte mit großen Augen rüber.

«Ja, warum machste das denn nich zu?»

Oma gluckste leicht, nahm dann das Puder vom Nachttisch und streute es großzügig auf die dunkle Stelle.

«Sisste?», sagte sie. «Jetzt siehste janix mehr!»

Oma hatte recht. Das Puder hatte die gleiche Farbe wie die Haut ihrer Beine. Man sah tatsächlich nichts mehr.

«Tut das nicht weh?», fragte ich.

«Nee. Juckt und suppt nur 'n büschen», sagte Oma. «Is Vererbung. Hamm zwei von meine Brüder und meine Schwester Erna auch. Licht inna Familie.»

«Oh», sagte ich und überlegte, was wäre, wenn auch ich ein offenes Bein hätte. Ich würde mir eine kleine puderfarbene Tür dafür bauen. Denn auch meine Beine hatten dieselbe Farbe wie Omas Beine, und die hatten ja die Farbe von Puder. Dann könnte ich das offene Bein auf- und zumachen. Dann könnte ich etwas hineinstecken! Kaugummis zum Beispiel. Ja! Und dann könnte ich die kleine Tür zumachen, und niemand würde irgendwas sehen, und dann könnte ich trotzdem im Sommer mit kurzen Hosen rumlaufen, und wenn dann der fiese Hennes aus der Rosenhäger Siedlung käme, um mir wieder alles abzunehmen, was ich bei mir trug, würde ich einfach sagen: «Such doch! Kannst alles haben, wasde findest!» Und danach würde ich runter zur Bieke gehen und mein offenes Bein aufmachen und meine Kaugummis rausholen und ganz genüsslich und sehr laut kauen und Hennes auslachen, wie dumm der doch war!

Ha, ha!

Das wäre ein Spaß!

Obwohl … Was hatte Oma gesagt? Das Bein suppt?

Das konnte nur bedeuten, dass immer, wenn Oma Suppe essen tut, die Suppe einmal durch sie durchfließen tut, bis in die Beine, und weil das eine Bein ja offen war, suppte die Suppe dann da wieder raus.

Das war ja ekelig!

Gut, dass ich keine Suppe essen tu!

In meinem Fall würde das dann bedeuten, dass ich mein Kaugummi einfach runterschlucken könnte! Und wenn ich dann wieder Lust drauf hätte, würde ich einfach die kleine Tür im offenen Bein aufmachen und es wieder rausholen und es weiterkauen.

Das war ja großartig!

Ich wünschte mir, ich bekäme auch ein offenes Bein.

Aber Oma tat mir auch ein bisschen leid. All die leckeren Sachen, die sie oben reinsteckte, fielen ihr einfach aus dem Bein wieder raus. Kein Wunder, dass sie immer Hunger hatte und so viel essen konnte.

«Vielleicht können wir eine kleine Tür an dein Bein bauen», überlegte ich laut. «Dann suppt es nicht raus. Oder wir nähen dir eine kleine Kittelschürze für das Bein. Dann perlt alles ab.»

Oma lehnte sich zurück, schlug sich die Decke über die

Beine, machte die Nachttischlampe aus und sagte: «Horch ma! Hörste das auch?»

Ich horchte angestrengt in die Dunkelheit – und schlief irgendwie darüber ein.

RUMREMENASTERN

Die Küche meiner Oma war eigentlich sehr gemütlich. Sie hatte eine kleine Kochnische, wo die Spüle und der Herd und Oma selbst hineinpassten, und gleich nebenan, hinter einer Tür, war eine kleine Speisekammer. Dort standen Töpfe und Pfannen und Einmachgläser, und Würste hingen von der Decke. Die Küche selbst hatte einen großen Küchenschrank, oben Glas, wohinter Glas war, und unten Holz, aber da waren Teller, Tassen und Schüsseln hinter. Rechts und links zwei Türen. Auf der einen Seite Gewürze und Maggi. Auf der anderen Seite Zucker, Mehl und Salz und Omas Sparbuch.

Es gab einen Küchentisch mit vier Stühlen, einer an jedem Kopfende und zwei an der Seite, und auf der anderen Seite, die zur Wand zeigte, stand ein Sofa. Es hatte hinten eine mickrig kleine Lehne und ging an einer Seite etwas hoch. Es war mehr eine Liege, deren Kopfteil etwas höher gestellt worden war. Sie war mit grünem Stoff bezogen, in der Farbe von Oskar aus der Mülltonne. Während dieser jedoch durchaus flauschig zu sein schien, war der grüne Stoff dieser Liege so grob und so rau, dass es passieren konnte, dass man, wenn man schnelle Bewegungen auf ihr vollführte, sich die Haut verbrannte. Je schneller die Bewegung, je höher der Grad der Verbrennung. Aus diesem Grund saßen zu den Mahlzeiten immer wir Kinder auf diesem Scheselong. Denn eine der vielen Sachen, die Oma nicht leiden konnte, waren Kinder, die sich während einer Mahlzeit bewegten. Außer im Mundbereich.

Sie hasste rumremenastern.

Wenn irgendwo ein Kind also unruhig umherrutschte und vielleicht noch mit seinen vier Buchstaben jonglierte, um sich die Zeit zu vertreiben, bis denn das Essen auf dem Tisch stehen würde, sagte Oma: «Na, biste wieder am Rumremenastern?» Und kurz darauf: «Ab auf Sofa!»

Unwissende Kinder aus der Nachbarschaft, die gedachten, wegen Abwesenheit der Eltern, Tod derselben oder aus anderen aberwitzigen Gründen an Omas Essen teilzunehmen, machten natürlich den groben Fehler, auf dem groben Stoff des Scheselongs auch weiterhin ihrer akrobatischen Unruhe freien Lauf zu lassen. Aber diese Unverfrorenheit wurde noch *in* der Bewegung durch heiß brennenden Schmerz bestraft.

Schrie ein Kind auf, sagte Oma leicht lächelnd: «Rumremenastern lässte besser sein, ne?»

Stefan vom Mühlenbrink hatte sich einmal so das Bein angeflammt, dass es aussah wie das offene von Oma. Er heulte und heulte und hörte gar nicht wieder auf. Ich fing gerade an, etwas von einer kleinen Tür zu murmeln, da schickte mich Oma Puder holen.

Bisschen was kam auf Stefans Bein, bisschen was auf die Waffeln, die Oma grad gemacht hatte, dann war wieder gut.

Es gab Kindergeburtstage, an denen waren auf dem Scheselong bis zu sieben still sitzende Kinder konzentriert mit Nahrungsaufnahme befasst, während Oma auf der anderen Seite saß, alle der Reihe nach anlächelte und nickte und fragte: «Na? Is lecker, ne?»

Und vierzehn übergroße Augen schauten sie an, und die Köpfe, in denen diese saßen, nickten ebenfalls, und zwischen den kauenden Zähnen hervor kamen brave Antworten wie «Jau!» und «Jau» und «Hmm!».

Und Oma sagte: «Mit vollem Mund spricht man nich!»

Und damit war den Rest des Nachmittags Ruh.

War eine Mahlzeit vorüber und der Tisch geräumt und alles Geschirr gespült und abgetrocknet, legte Oma eine Decke auf das Sofa und machte es sich gemütlich. Sie pflegte ihren täglichen Mittagsschlaf darauf zu halten. Wobei ich mich immer fragte, wie man in diesem Raum schlafen konnte, denn die Küchenuhr tickte so laut, dass man sie sogar noch auf dem Flur hören konnte. Aber Lautstärke schien Oma beim Schlafen nicht zu stören. Denn auch wenn sie selbst am Schlafen war, war sie selbst auch so laut, dass keiner außer ihr selbst schlafen konnte.

PÜFFERKEN

Oma machte die besten Püfferken der Welt.
Das war im Nachhinein gesehen nicht so sehr schwierig, weil Püfferken macht man eh nur in Lippe, denn Püfferken sind (neben Pickert) das lippische Nationalgericht. Aber ich glaube bis heute, selbst von allen Lippern hat sie die besten Püfferken der Welt gemacht, da ich nie wieder so welche aß wie die von ihr.

Zu Püfferken könnte man auch Kartoffelpuffer sagen, aber nur, wenn man nicht aus Lippe kommt. Denn ganz das Gleiche sind sie nicht. Aber ähnlich. Aber Kartoffelpuffer sind nur halb so lecker. Was zu dem Schluss führt, dass Püfferken doppelt so lecker sind. Am liebsten aß ich sie mit ganz viel Rübenkraut obendrauf. Ungefähr so dick wie das Püfferken selbst. Die ersten drei allerdings so. Nackig. Dann aber Kraut drauf. Vierzehn Stück ist bis heute mein Rekord.

Oma raspelte all die Kartoffeln, die man dafür brauchte, von Hand. Mama sagte immer, Omas Püfferken schmeckten nur deshalb so gut, weil sie beim Kartoffelnschrappen immer ein bisschen ihre Fingerkuppen mit reinreiben würde.

Ich überlegte, wie lang wohl einst Omas Finger gewesen sein mögen. Und sah sie da stehen – vor meinem inneren Auge –, wie sie sich ohne zu bücken am offenen Bein kratzte.

NICH' KNUPPERN!

Auf dem Tisch in der Stube hatte Oma immer Bolchen. Die lagen ganz oben auf einem kleinen feinen Teller, welcher durch eine mittig angebrachte filigran ziselierte Stele mit einem etwas größeren, darunter befindlichen Teller verbunden war, welcher durch eine mittig angebrachte filigran ziselierte Stele mit einem etwas größeren, darunter befindlichen Teller verbunden war, welcher auf einer kleinen, fein drapierten Häkeldecke ruhte, welche auf dem Tisch lag.

Sobald eines von uns Kindern hustete, befahl Oma: «Nimm ma 'n Bolchen!»

Auch wenn man sich nur leicht räusperte, um zum Beispiel überflüssigen Schleim aus dem Rachen zu befördern, befahl Oma: «Nimm ma 'n Bolchen!» Manchmal wenn wir leise sprachen, weil wir glaubten, Oma schliefe, glaubte sie anscheinend, wir wären heiser. Und von irgendwo unterhalb der geschlossenen Lider kam: «Nimm ma 'n Bolchen!»

Ich weiß nicht, wie viele von den Dingern mein Großcousin hatte essen müssen, als er im Stimmbruch war.

Meist hatte sie Ricola. Erfunden sicherlich in der Schweiz, gekauft aber hauptsächlich in Aspe. Wenn wir Kinder uns aber dann das Bolchen munden ließen und etwas mehr als die normale Menge an Geschmack herausholen wollten und es zu diesem Zwecke kaputt bissen, rief Oma sofort, auch wenn sie drei Zimmer weiter war: «Nich' knuppern!»

Selbst der Versuch, es leise zu zerbeißen –

«Nich' knuppern!»

Oder während des Bisses laut zu summen –

«Nich' knuppern!

Oder sich während des Zerbeißens laut zu räuspern – «Nimm ma 'n Bolchen! Nich' knuppern!»

All das funktionierte nicht.

Ich überlegte mir, dass diese Importe aus der Schweiz doch recht teuer gewesen sein mussten, wenn Oma so sehr darauf bestand, dass wir sie langsam lutschten.

WACHOLDER

Oma beschützte ihre eigene Gesundheit durch einen allmorgendlichen Wacholder, regelmäßiges Pudern wunder Stellen und Klosterfrau Melissengeist. Klosterfrau war für alles gut. Bei Kopfschmerzen Stirn einreiben, bei Wadenkrämpfen Bein einreiben, und wenn kein Wacholder im Haus war, wurde er getrunken.

Puder stand stets in einer Streudose neben dem Bett. Auf einer Glasscheibe, die eine geklöppelte Decke beschützte, welche auf einem hölzernen Nachttisch lag, der genau dem anderen Nachttisch glich, der neben dem anderen Bett stand, welches genauso aussah wie das erste, das wohl aus dem gleichen Holz sein musste wie der Nachttisch.

Gepudert wurde alles, was nach Ausschlag aussah. Kinderhintern, Omas offenes Bein und jahrelang das Gesicht meines Bruders, bis Oma schließlich feststellte: «Das soll woh so sein.»

Der morgendliche Wacholder aber sei «überhaupt das Beste», verkündete Oma stets. Er mache wach und frisch und schönen Atem und das Zähneputzen vollkommen überflüssig, denn danach sei auch die über Nacht entstandene Kultur im Mundraum vollständig tot.

In der vierten Klasse erzählte uns der Lehrer in der Schule, dass für Kultur viel Geld ausgegeben würde. Ich meldete mich und sagte, dass meine Oma für Kultur wenig übrighabe, denn sie würde sie jeden Morgen mit einem Schluck Wacholder hinunterspülen.

Das sei nichts Ungewöhnliches, erwiderte der Lehrer, das würden viele Kulturschaffende auch so machen.

SIEBENVIERZIG ELF

Oma roch für mich immer gleich. Halt nach Oma. Sie sagte, das sei «Siebenvierzig Elf».

Ich fragte Oma, ob sie die Flaschen gezählt hätte, die sie bis dato von dem Zeug gekauft hätte. Und ob nun irgendwann «Siebenvierzig Zwölf» dran wäre. Aber Oma sagte nur: «So ’n Quatsch!»

Oma badete einmal die Woche. Das habe sich bewährt, sagte sie. Immer freitags, um frisch zu sein fürs Wochenende. Und weil Oma das so machte, und die es ja schließlich wissen musste, da sie jahrzehntelang damit gut gefahren war, wurde es von ihr für die nachfolgenden Generationen so übernommen. Oma badete als Erste, und dann ging es der Größe nach. Wenn ich an der Reihe war, wurde meist noch mal warmes Wasser reingelassen, obwohl ich selbst, weil es halt so kalt gewesen war, meist auch schon warmes Wasser reingelassen hatte.

Ich lächelte dann immer wissend vor mich hin. Und dachte an die einzigen beiden im Haus, die noch kleiner waren als ich und somit noch *dran* waren. Meinen Bruder – und Üttchen.

In der Badewanne meiner Oma war immer so viel Schaum, dass man, wenn man als Kind darin saß, den übrigen Raum nicht mehr sehen konnte. Was ein bisschen auch auf den Wasserdampf und die Architektur zurückzuführen war, denn Omas Badezimmer hatte keine Fenster. Man fühlte sich wie im Weltraum. Unendliche Weiten. Die nie ein Mensch je gesehen hatte. Wegen des Schaums.

Biggi und Banda tauchten in Meeren aus Pusteblumen, schwebten durch Wolken aus Zuckerwatte und bogen dann auf der Milchstraße rechts ab. Oder links. Ich weiß es nicht. Eine Eigenschaft … – auf jeden Fall erlebten sie ein Abenteuer nach dem nächsten und erzählten sich gegenseitig davon, und ich hörte zu und fand es großartig.

Eines Freitagabends, als wir alle bereits in der Stube vor dem Fernseher saßen und Oma gerade den leckeren Schnittchenteller vor mir platzierte, sah sie sich plötzlich hektisch um und fragte mich dann: «Wo is denn dein Bruder?»

Ich erwiderte, wir seien zwar miteinander verwandt, also mein Bruder und ich, hätten sogar dieselben Eltern, aber wir führten doch jeder unser eigenes Leben, und ich sei nicht verantwortlich zu machen für eventuelle Nachlässigkeiten seitens meines Bruders und –

«Alle suchen!», befahl Oma.

Verdammt! Ich hatte einen solchen Hunger! Und nun mussten wir alle aufstehen und suchen gehen. Weil mein dummer Bruder sich wieder irgendwo zwischen Bade- und Wohnzimmer verlaufen hatte.

«Ich such hier inne Stube», sagte Üttchen, blieb sitzen und angelte sich ein Schnittchen vom Teller.

So schlau! Warum war ich nicht darauf gekommen?

Moment mal … Badezimmer!

Oma schöpfte mit der Hand den gröbsten Schaum aus der Gusseisernen, und da saß er dann. Wir hatten schlicht übersehen, dass da noch wer in der Wanne war. Beziehungsweise *gar nicht* gesehen.

Er wirkte irgendwie abwesend. Als sei er im Weltall gewesen. Und mit seinen blauen Lippen und der aschfahlen Haut sah er auch aus wie ein Außerirdischer. Oma klaubte ihn aus der Wanne, wickelte ihn in ein Tuch und rubbelte seinen Rücken. Er räusperte sich, und Oma sagte zu mir: «Marco, hol ma 'n Bolchen!»

ES WIAD JECHESSEN, WAS AUF'N TISCH KOMMT!

Immer wenn uns Kindern etwas nicht schmeckte, was nicht selten vorkam und bei mir meist die Rosenkohl- und Blumenkohlgerichte betraf, sagte Oma: «Es wiad jechessen, was auf'n Tisch kommt!»

Und an dieser Regel kam keiner vorbei.

Selbst verzweifelt schreiende und bitterlich weinende Kinder, auch aus der Nachbarschaft, kamen nicht umher, den von Oma perfekt portionsweise abgestimmten, zugedachten und aufgefüllten Teller blitzeblanksauber zu essen.

Bei einem Anflug von Gnade mindestens so weit, dass man die kleine Giraffe auf dem Fußboden des Tellers sehen konnte. Was mich zu einer gewissen Perfektion brachte, Rosenkohlknollen in unglaubliche Höhe zu stapeln. Exakt um den Umriss der Giraffe herum.

Auch nach den Beteuerungen meiner Großcousine, sie habe eine Allergie gegen Spinat, schleuderte ihr Oma lediglich entschieden besagten Satz entgegen: «Es wiad jechessen, was auf'n Tisch kommt!»

Ihren mehrmonatigen Krankenhausaufenthalt nach dieser Mahlzeit führte Oma auf «Anstellerei» zurück.

Mein Onkel mütterlicherseits musste den Satz «Es wiad jechessen, was auf'n Tisch kommt» sehr stark verinnerlicht haben, denn eines Spätnachmittags, als die Familie im Hof ein Grillfest feierte und ich ins Haus geschickt wurde, um meine braun-orangene Strickjacke zu holen, hörte ich plötzlich seltsame Geräusche aus der Küche.

Ich spähte durch den Spalt und sah meinen Onkel mütterlicherseits mit seinem Kopf zwischen den Beinen meiner Tante väterlicherseits, welche rücklings faul auf dem Küchentisch lag, beide Beine in der Luft.

Was ich mit einem lauten «Bäh!» quittierte.

Was mir nach Unterschrift einer Verschwiegenheitserklärung eine mehrmonatige Taschengelderhöhung einbrachte.

Väterlicher- sowie mütterlicherseits.

IHR ESST NOCH CHANZ WAS ANDERES!

Meine Oma war eine der besten Köchinnen überhaupt. Ganz bestimmt.

Einige Speisen jedoch, wie gerade beschrieben, fanden geschmacklich bei uns Kindern wenig Anklang. Egal, wie gut sie hergerichtet gewesen sein mögen. Doch aufgrund ihres Gesundheitsgrades, welchen Oma anscheinend aus sicherer Quelle ganz genau zu bestimmen wusste, fanden diese Speisen immer wieder den Weg auf Omas Küchentisch.

Und selbst wenn wir Oma steif und fest versicherten, wir hätten nun wirklich probiert, doch auch dadurch sei uns keinerlei Appetit gekommen, fuhr uns der Satz «Ihr esst noch chanz was anderes!» entgegen.

Und wenn irgendetwas auf irgendeinem Teller tatsächlich einmal liegen blieb, griff Oma über den Tisch – und aß es auf!

Warnungen unserseits, es handele sich um ungenießbaren Speck oder wir hätten dieses Stück Schwarte nun schon mehrere Minuten sehr gewissenhaft durchgekaut, es sei wirklich nichts mehr dran außer Knorpeln, quittierte Oma mit vollem Mund und den Worten:

«Ihr esst noch chanz was anderes!»

Was sie damals damit meinte, blieb mir jahrelang ein Rätsel, bis mich eine meiner ersten Freundinnen bekochte.

ZÄHNE

Oma stellte ihre Zähne abends immer in einen Becher. Sie erzählte uns, die Zähne müssten sich nun ausruhen und würden dort schlafen. Ich fragte natürlich, warum meine Zähne dann in meinem Mund schliefen und nicht auch in einem so schönen weißen Becher mit blauem Muster drum herum.

Oma erwiderte, dass, wenn wir auch alles so brav aufgegessen hätten wie sie, ja, *dann* (!) würden sich unsere Zähne auch ausruhen müssen. Da wir aber äßen wie die Spatzen, reiche es aus, sie bloß zu putzen.

Eines Tages, als mein erster Milchzahn wie von selbst aus meinem Mund fiel, hatte ich das erste Mal das Gefühl, richtig satt zu sein. Abends legte ich ihn schlafen. Gleich neben Omas Zähne. In den schönen weißen Becher mit dem blauen Muster drum herum.

Ihn am nächsten Morgen wieder einzusetzen, gestaltete sich allerdings sehr schwierig. Er wollte nicht halten. Und beim Frühstück fiel er kurz vor Ende in meine Cornflakes. Ich stocherte herum, um ihn zu suchen.

«Isste wieder nicht auf, ne?», fragte Oma, und bevor ich etwas antworten konnte, waren sie alle.

Nachdem ich nun wusste, dass sich Omas Zähne nachts ausruhten, weil sie so viel gegessen hatten, war mir einiges viel klarer geworden. Ich sah Onkel Günther und sein appes

Bein nun mit ganz anderen Augen. Er musste mit dem appen Bein also schon sehr viel gemacht haben, denn es musste sich anscheinend sehr lange ausruhen. Vielleicht war er Fußballer gewesen. Oder Busfahrer. Oder er war Chef gewesen und hatte vielen in den Pöter getreten.

Als ich Oma fragte, warum Onkel Günthers Bein sich denn ausruhen müsse, antwortete sie nur, das sei im Krieg geblieben. Und mir fiel wieder Omas erster Mann ein, wie er dort unten in Südfrankreich stand.

Mit Üttchens Haaren.

Und drei Beinen.

LANGES FÄDCHEN, FAULES MÄDCHEN

Oma war Schneiderin. Sie hatte das als Beruf ausgeübt, nähte dann später aber nur noch für die Nachbarschaft. Für die ganze Nachbarschaft. Für ganz Aspe sozusagen. So sah ich als Kind so ziemlich alle Nachbarn irgendwann in Unterwäsche in Omas Stube stehen. Viele Jungs wurden stante pede von ihren Müttern vorbeigeschickt, die aufgerissenen Jeans noch am aufgerissenen Bein. Oder Frauen wollten ihre Kleider kürzer und mussten anprobieren. Oder Männer ihre Hosen länger, und Oma nahm Maß. So kannten Oma und ich im Laufe der Jahre die Unterwäsche des gesamten Dorfes.

Es war dieser Moment in den Siebzigern, als Schlaghosen mit vielen Flicken in Mode kamen und schließlich auch Anja, die Freundin meiner Großcousine, in Unterhose in Omas Stube saß und auf ihren Schlag mit Flicken wartete, in dem ich beschloss, Schneider zu werden.

Zu diesem Zwecke studierte ich sehr genau, was Oma tat.

Sie wickelte etwas Garn ab, fädelte es durch den Nadelkopf und fing an.

Sah ganz einfach aus.

Anja saß da und sah zu.

Ich sagte, ich würde es auch gern einmal versuchen. Oma gab mir Nadel, Garn, ein Stück Stoff und einen Flicken. Ich ribbelte zwei Meter Garn ab und versuchte mich im Einfädeln. Oma sah auf, schaute mich an, dann Anja, sah wieder herunter und sagte: «Langes Fädchen, faules Mädchen!»

Ich vermied zu fragen, was sie damit meinte.

Sie musste Anja meinen.

Ich war ja schließlich ein Junge.

Also sah ich ebenso entschlossen nach unten wie Oma und versuchte, meinen Flicken auf dem Stück Stoff festzunähen. Und kämpfte mit meinen zwei Metern Garn.

Niemand sagte etwas.

Dann wiederholte Oma, ohne aufzusehen: «Langes Fädchen, faules Mädchen!»

Anja sah mich an. Ich sah Anja an.

Sie lächelte.

Ich sah wieder nach unten und machte einfach weiter. Sollten die beiden sich doch unterhalten.

(Was sie mit dem Ausdruck meinte, erfuhr ich erst Jahre später. Er war wohl so etwas wie ein Schneiderinnenspruch und meinte, dass eine Schneiderin, die einen langen Faden benutzt, bloß um nicht so schnell wieder einen neuen einfädeln zu müssen, eine faule Schneiderin sei.)

Als Oma schließlich fertig war, stand Anja auf, stellte sich genau vor mich und probierte ihre neue Hose an.

In dem Moment, in dem sie sich bückte, wusste ich, was Oma meinte und dass Anja wohl ein sehr fleißiges Mädchen sein musste.

Denn das, was ich sah, war ein *kurzes* Fädchen.

Ich fragte Oma später, ob Anja auch Schneiderin sei und warum sie dann nicht ihren Schlag mit Flicken selbst machen würde, aber Oma verneinte und sagte, der blaue Faden sei ihr zwar auch aufgefallen, aber der müsse vom Schlüpfer stammen. Ich sagte, ich hätte sehr genau hingesehen und es sei nicht die Schlüpferfarbe gewesen. Oma sagte, dann müsse der wohl auch schon geflickt worden sein. Mit falscher Farbe. Aber ich solle Stillschweigen darüber bewahren, denn Schneider hätten auch so etwas wie Schweigepflicht, wie der Onkel Doktor. Ich fragte, was denn Schweigepflicht sei, und Oma sagte, dann dürfe man nicht verraten, was man gesehen oder gehört habe. Auch ich nicht, obwohl ich noch gar kein Schneider sei, aber ich wäre halt mit im Raum gewesen.

Ach so.

Ich sagte es niemandem. Wusste aber zu diesem Zeitpunkt auch leider noch nicht, dass die Information, dass Anja einen unsauber geflickten Schlüpfer trug, aus dem ein blauer Faden hervorguckte, bei den Jungs aus der Nachbarschaft mindestens fünf Mark wert gewesen wäre.

Als sich einige Monate später die Jungs aus der Nachbarschaft darüber unterhielten, dass Anja überhaupt keinen Schlüpfer trüge, fiel mir die Situation siedend heiß wieder ein.

Und Anja tat mir total leid, denn nun schien auch ihr letzter Schlüpfer endgültig kaputtgegangen zu sein.

Am nächsten Morgen, als alle im Hof waren, ging ich an Üttchens Kleiderschrank, nahm einen Schlüpfer heraus, steckte ihn unter meinen Pullunder und wartete, dass Anja, wie sie es jeden Tag tat, auf dem Weg von der Schule nach Hause an Omas Gartenzaun vorbeiging.

Als sie endlich kam, gab ich ihn ihr und sagte, das sei schon in Ordnung und auch würde hier kein Fädchen rausgucken.

Ich glaube, just in diesem Moment fing das Missverständnis an, das ich noch Jahre später mit Frauen habe sollte.

Anja war schon lange weitergegangen, als ich noch meinen zweiten Milchzahn suchte, welcher durch die saftige Backpfeife herausgefallen war. Als ich ihn endlich fand, nahm ich ihn auf und legte ihn schließlich in Omas schönen weißen Becher mit dem blauen Muster drum herum.

Zum Ausruhen.

LÄUFT WIE DITTKEN

Manchmal fuhren Oma und ich mit ihrem Neckermann nach Knetterheide zur Post und zum Damenoberbekleidungsgeschäft.

Knetterheide ist ein weiterer Stadtteil von Bad Salzuflen, gleich neben Aspe, ein bisschen bergauf.

Der Neckermann war Omas Fahrrad. Den hatte sie sich früher irgendwann mal aus dem Neckermann-Katalog heraus bei Neckermann bestellt, und auf dem Fahrradrahmen stand auch Neckermann, und deshalb hatte er den Namen Neckermann bekommen.

Ich überlegte, woher wohl Schultes Otto kam.

Der Neckermann hatte keine Gangschaltung und war auch nur halb so cool wie die Bonanzaräder, die zur gleichen Zeit umherfuhren, aber er fuhr sehr gut.

Oma sagte dazu immer: «Läuft wie Dittken!»

Ich weiß bis heute nicht, wer Dittken ist, aber es muss ein sehr schneller Läufer aus Omas Zeit gewesen sein, denn der Neckermann war wahnsinnig schnell.

Vor allem bergab.

Bergauf schob Oma meist. Dann war er nicht so schnell.

Ich saß stets vorne in einer am Lenker angebrachten Aluminiumschale, die die negative Form eines Kinderpopos hatte.

Das war ganz gut, denn so guckte einer von uns immer

dahin, wohin wir fuhren, während der andere immer dahin guckte, woher wir kamen. Man kann also sagen, Oma und ich hatten Vergangenheit und Zukunft gemeinsam im Blick.

Außerdem konnten wir uns gegenseitig ansehen. Und zulächeln.

Obwohl Oma immer bloß dann lächelte, wenn es bergab ging. Dann wackelten rechts und links ihre Locken, und sie sah sehr glücklich aus. (Welches die rechten und welches die linken Locken waren, wusste ich allerdings nicht … ach, sagte ich ja schon!)

Wenn es allerdings drohte, bergauf zu gehen, veränderte sich Omas Gesichtsausdruck rapide. Sie pustete dann viel Luft heraus und zog dabei immer so eine Seepferdchen-Schnute. Einen Küsschen-Mund.

Ich vermutete, sie wolle eines haben, und gab ihr dann immer im Takt eins ab.

Denn Küsschen, das weiß ein jeder (!), kann man so viele abgeben, wie man will, man hat immer noch welche da!

Sie lachte meist kurz, fing aber sofort wieder an zu pusten.

Und kurze Zeit später rollte ihr dann auch ein Tropfen aus der Locke. Und dann noch einer. Und dann noch einer!

«Na? Schwitzte?», fragte ich.

Oma pustete bloß.

Ich gab ihr noch ein Küsschen. Gleich neben uns die bunt beklebte Litfaßsäule.

«Schwitzte, ne?»

Oma pustete bloß. Neben uns die bunt beklebte Litfaßsäule.

«Ich glaub, das is Schwitze.»

Oma. Pusten. Litfaßsäule.

«Schaffste, Oma!», sagte ich.

Und immer wenn ich das sagte, wurde der Neckermann für einen kurzen Moment noch einmal fast so schnell wie bergab. Um gleich darauf geschoben zu werden.

«Schaffta nich», sagte Oma pustend.

«Was?», fragte ich.

«Schaffta nich! Den Berch!»

«Wer?»

«Der Neckermann!», sagte Oma sehr laut und sauer. «Den Berch schaffta nich!»

«Ach so», sagte ich. «Schaffta nich.»

«Nee», sagte Oma weiter pustend. «Schaffta nich. Den Berch. Der Neckermann. – Bloß vonna andern Seite.»

«Berchab meinste?»

«Jenau!», sagte Oma. «Dann läufta wie Dittken!»

«Super, Oma», sagte ich. «Dann sind wa schneller wieder zu Hause, als wa wech sind.»

«Jau», sagte Oma.

Auf dem Postamt gaben wir dann die Post ab, und im Damenoberbekleidungsgeschäft kaufte Oma sich einen neuen Rock mit schönen großen Blumen drauf. Ich fragte mich, warum es Damen*ober*bekleidungsgeschäft hieß, wo die doch Röcke verkauften, die man ja eigentlich *unten*rum trägt.

Die Verkäuferin im Damenoberbekleidungsgeschäft, die Oma schon lange Jahre kannte, sagte: «Biste sicher, dass die Achtndreißig reicht? Wisste nicht lieber die Sechsvierzig nehmen?»

Omas Stirn kräuselte sich, ihre Nasenflügel machten flotte Dehnübungen, und sie sah plötzlich sehr sauer aus.

«Sechsnvierzig! Sechsnvierzig! So ’n Quatsch!», sagte sie. «Ich trach seit achtndreißig Jahren Achtndreißig! Einpacken!»

Als wir wieder auf dem Neckermann saßen und hinab nach Aspe rollten, sah Oma wieder glücklich aus. Ihre Locken wippten im Wind, und sie pustete nicht, und ich gab ihr trotzdem ein Küsschen, und sie sagte: «Sisste! Läuft wie Dittken!»

«Prima, Oma!», sagte ich. «Was machen wa denn gleich, wenn wa wieder zu Hause sind?»

«Du machst, waste immer machst», sagte Oma lächelnd, «und ich mach den Rock weiter.»

LICHT ANNE HELLICHKEIT

Das Liebste im Fernsehprogramm war mir die Sesamstraße. Es war ebenfalls die Lieblingssendung von Biggi und Banda. Sie sahen ihre plüschigen Verwandten unheimlich gern. So saßen wir drei allabendlich zur selben Zeit vorm Endgerät, neben uns ein Teller mit kleinen viereckigen Brotscheiben mit Belag, welche wir uns nacheinander in die Schnute schoben, und amüsierten uns königlich.

Obwohl ich es manchmal schon etwas eklig fand, das zu essen, was Banda grad im Mund gehabt hatte.

Irgendwann fiel mir auf, dass es draußen ja nicht mehr so dunkel war, wie es letztens noch gewesen war, und ich fragte Oma, warum es denn nun draußen nicht mehr so dunkel sei, wie es letztens noch gewesen sei, und Oma antwortete: «Das hat mit dunkel nix zu tun. Das licht anne Hellichkeit!»

Ach so.

Biggi, Banda und ich nickten.

Das läge daran, erklärte Oma weiter, dass die Erde schräg sei und dass man deswegen im Jahr mal mehr, mal weniger «vonne Sonne» habe.

Ach so.

Biggi, Banda und ich lauschten mit offenem Mund.

Weil die sich ja drehen würde. Die Erde. Und für einmal «inne Runde» brauche die ein Jahr. So langsam sei die. Die Erde.

«Der könnste auch im chehen die Hose flicken», sagte Oma.

Der Erde. Wenn die denn Hosen trüge.

Na ja, und deswegen hätten wir Frühling, Sommer, Herbst und das andere. Und jetzt würden die Tage wieder länger werden, denn es würde ja Frühling werden, und deswegen sei es jetzt heller, als es letztens noch gewesen sei. Und jetzt solle ich meinen «Quatsch» zu Ende gucken und den Teller aufessen. Das sei Geographie, das würde ich noch nicht verstehen. Und mit diesen Worten entschwand sie in die Küche und rief noch: «Dafür bisse noch zu klein!»

Biggi, Banda und ich drehten unsere Köpfe und blickten rüber zu Üttchen.

«Weißt *du* also auch nix von der Sache», sagte ich zu ihr.

Und sie: «Halt 'n Mund und stoppa was rin!»

LÜJEN TUSTE, DAS BISTE!!

Didi sei jetzt «stahk inne Puppateet», ließ Oma verlauten. Didi ist der Bruder meiner Mutter. Also mein Onkel. Aber da er keinen Bart hatte und noch so jung war, war er für mich irgendwie kein «Onkel», sondern einfach Didi. Ab und an sahen wir ihn auch, allerdings sehr selten. Und wenn, dann nie lange. Er wohnte ebenfalls irgendwo im Haus, aber wir fanden nie raus, wo genau. Denn die meiste Zeit fuhr Didi mit dem Mofa rum. Dem alten Mofa von Üttchen, das sie immer zur Arbeit und zurück gebracht hatte. Das würde sich jetzt allerdings viel lauter anhören als zu der Zeit, als sie es noch gefahren habe, ließ Üttchen wissen. Oma und ich hatten von so was keine Ahnung. Wir hatten beide keinen Führerschein und waren auch noch nie Mofa gefahren.

«Was bedeutet das? Inne Puppateet?», fragte ich.

«Dann hatta Laune», antwortete Oma.

«Laune?»

«Ja-haa! Laune hatta!»

Ich überlegte, welche Laune es wohl sein möge. Gute oder schlechte kannte ich. Aber vielleicht gab es ja auch noch eine andere.

Und wie auf Bestellung platzte Didi in die Küche.

«Haste ma zehn Mark?»

«Was wisste damit?»

«Tanken.»

«Tanken, tanken! – Haste doch chestern ers!»

«Gestern hab *ich* getankt, heute muss das Moffa!»

Oma murrte, ging an ihren Küchenschrank, raschelte einen Zehn-Mark-Schein aus ihrem Sparbuch und gab ihn Didi.

«Da!»

«Jau.»

«Bisse noch mit die Sylvie?»

Das war die Tochter vom Pferdeschlachter in Schötmar. Ich hatte Papa zu Mama sagen hören, bei dem Pöter solle die mal gut aufpassen, dass sich ihr Vater mal nicht vertut.

Warum auch immer.

«Ja, sicher», sagte Didi.

«Ach?», sagte Oma. «Frittchen Derberch sacht was anderes.»

«Ach?», sagte Didi. «Was sacht die denn?»

«Das de mitte Heidrun am Baggersee jesehen wurdest. Mippm Moffa im Sand!»

«Frittchen Derberch», Didi lächelte leise. «Die redet viel, wenn der Tag lang is.»

Und die Tage wurden jetzt ja sogar noch länger, dachte ich. Üttchen und ich hatten es rausgefunden. Ich wollte noch einwerfen, Frittchen Derberg könne jetzt ja sogar *noch* länger reden, da ging es auch schon weiter.

«Lüjen tuste, das biste!!» Oma war sehr laut geworden und zeigte mit ihrem Zeigefinger auf Didis Nase.

«Ich bin noch mit die Sylvie. Die Heidrun wollte bloß ma das Wasser sehen. Da! Sssst!»

Didi sagte am Ende eines Satzes sehr oft «Da! Sssst!» – das bedeutete so was wie «Punkt!» oder «Feddich!» oder

«So isses!». War also so etwas wie eine Bestätigung des Gesagten. Ein Unterstreichen der Behauptung. Ein artikuliertes Ausrufezeichen.

«Wasser sehen, Wasser sehen!», echauffierte sich Oma. «Frittchen Derberch hat jesacht, ihr hattet die Köppe innander!»

«Die hatte was in Auge! Da musstich nachgucken!» Didi wurde auch laut.

«In Auge, in Auge! Du hast auch gleich was in Auge!» Omas Finger war beträchtlich nah vor Didis Glubscher. Dem rechten oder dem linken, ich weiß es nicht.

«Ich bin noch mit die Sylvie, das is alles, was ich dazu sage. Da! Sssst!»

Oma nickte und sagte: «Freundchen! Das machste ja woh orntlich, ne?»

«Jau», sagte Didi und sah beschämt nach unten. «Ich tank jez, und dann fahr ich mit die Sylvie nachn Rummel.»

«Na chut», sagte Oma und ließ den Finger sinken.

«Die Heidrun is auch nix. Da sitzt nix anne! Und der Vadder is Beamter. Sachste Sylvie, sollse dir nochma die lecker Blutwurst von letztens mitcheben, ne?»

«Jau», sagte Didi und verschwand so schnell, wie er gekommen war.

BIS DASDE LEMJO SEHEN KANNST

Oma hatte ein Lieblingstaschentuch. Das hatte sie so lieb, dass sie es immer bei sich trug. Hauptsächlich steckte es selbstverständlich in der Tasche ebenjenes Kittels, den sie gerade trug. Und wenn sie mal keinen Kittel trug, steckte es im Bund ihres Rocks. Wie ein Revolver. Denn weder ihre Röcke noch ihre Strickpullover besaßen eine Tasche. Dieses Lieblingstaschentuch war aus Stoff, ein wenig kleiner als eine Serviette, entlang des Randes mit feinen braunen Strichen verziert und ganz sicher irgendwann einmal weiß gewesen. Oma sagte, sie habe es damals mit der Aussteuer bekommen und trüge es eigentlich seit diesem Tage bei sich.

Denn Oma hasste Schnotten!

Denn Schnotten laufe immer dann aus der Nase, wenn man ihn am wenigsten gebrauchen könne. Für irgendwas gebrauchen könne man ihn natürlich sowieso nicht, ließ sie mich wissen, aber ich wisse ja, was sie meine, meinte sie.

Obwohl ich festgestellt hatte, dass, wenn man eine gewisse Portion Schnotten nur lang genug zwischen zwei Fingern auseinanderziehen und wieder zusammendrücken tut, dass dann irgendwann eine gewisse Trägheit eintrat, welche zu einer gewissen Festigkeit führte, und man die Portion Schnotten daraufhin mit kreisenden Bewegungen zu einer runden Kugel formen konnte, um diese dann zum Beispiel nach gewissen Leuten zu schnippen.

Oder man konnte darauf rumkauen.

Aber da Oma Schnotten so sehr hasste, behielt ich diese Erkenntnis für mich.

Auf jeden Fall sei Schnotten absolut überflüssig, vor allem, wenn er über-flüssig war, und sofort, wenn er sich zeigte, an und aus der Nase zu entfernen. Damit man den guten Riecher behalte, ließ Oma wissen.

Und zu diesem Zwecke sei es unabdingbar, immer und zu jeder Zeit mit einem Taschentuch bewaffnet zu sein. Denn Schnotten sei nicht bloß ekelig, sondern auch absolut unhygienisch.

Geschmacklich in Kugelform allerdings gar nicht so schlecht, wollte ich anmerken, ließ es aber bleiben. Da Oma Schnotten ja so hasste.

Vorrangig und an allererster Stelle schnäuzte Oma natürlich ihren eigenen Schnotten in ihr Lieblingstuch. Denn da Oma immerzu am Laufen war, lief auch ihre Nase immerzu. Und je weiter man laufe, desto weiter laufe auch die Nase, wusste Oma. Und das stimmte. Ich war einmal die Straße hinuntergelaufen und hatte dabei geschielt. Und so konnte ich sie sehen. Auch meine Nase war mitgelaufen. Genauso weit wie ich.

Außer dieser seiner vorrangigen Aufgabe allerdings wurde Omas Lieblingstaschentuch ebenfalls dazu benutzt, andere Menschen nach eindringlicher Aufforderung hineinschnäuzen zu lassen.

So wie mich.

Oma sah den Schnottenpatt, der von meiner Nase zur Oberlippe führte und welchen ich gerade versuchte, mit meiner Zunge zu stoppen, da zog sie ihr Revolvertuch aus dem Bündchen, riss es auseinander – was immer so ein trockenes Geräusch machte, wie wenn man meiner Großcousine flott das Pflaster mit dem schwarzen Punkt vom Auge zog –, eine Hand ergriff meinen Nacken, auf dass ich nicht flüchten konnte, mit der anderen fegte Oma das Tuch unter meine Nase entlang – was immer ein bisschen weh tat, weil es so hart war –, dann klappte sie es zusammen, umhüllte damit die Nase und sagte: «Jetzt aber doll!»

Ich schnaubte.

«Doller!»

Ich schnaubte doller.

«Noch ma!», sagte sie. Und dann: «Bis dasde Lemjo sehen kannst!»

Sich schnäuzen verbesserte also anscheinend nicht bloß das Riechvermögen, nein, es verbesserte auch das Sehvermögen. Doch egal, wie sehr ich mich auch schnäuzte, Lemgo sah ich nie. Also zumindest nicht von Omas Grundstück aus.

Dazu sei angemerkt, dass Lemgo einst die Hauptstadt von Lippe gewesen war. Und sogar Hansestadt. Bis Detmold ihr den Rang ablief.

Erklären lässt sich dieser Ausspruch also höchstens damit, dass ein frisch durchgepusteter und damit klarer, lippischer Kopf durchaus in der Lage war (und auch «sein musste»), von jedem Punkt des Fürstentums aus unser aller Hauptstadt Lemgo zu erblicken.

(Wer die örtlichen Gegebenheiten kennt, weiß die Einflechtung des Wortes «Lage» in den vorangegangenen Satz nicht bloß zu schätzen, sondern goutiert diese außerdem mit gefälligem Schmunzeln. Bitte jetzt.)

Nach dem Schnupfvorgang entließ mich die Hand im Nacken zurück in die Freiheit, das Lieblingstuch wurde in einer leicht drehenden Bewegung von der Nase entfernt und die Ausbeute begutachtet.

Vier Augen starrten in Omas Aussteuerstück, und eine weibliche Stimme sagte: «Na, das hat sich ja wo ma jelohnt!»

Woraufhin die Stimme eines Jungen fragte: «Was is denn das Gelbe?»

Woraufhin Oma erklärte, dass sei ein bisschen vom Gehirn.

Phantasie sei das.

Aber das sei nicht so schlimm, dass da jetzt was weniger wäre, denn da hätte ich ja eigentlich sogar zu viel von.

Zu viel für was, fragte ich mich.

Aber eben auch nur mich.

Oma faltete ihr Lieblingstaschentuch daraufhin wieder zusammen – begleitet von leisen Knistergeräuschen – und schob es zurück in den Rockbund.

Ich fragte sie, ob sie es jetzt, wo ich da hineingerotzt hatte, nicht waschen wolle, aber Oma erklärte, dass das nicht sein müsse, denn das Taschentuch würde sich von ganz alleine sauber machen. Es wäre sozusagen ein selbstreinigendes Taschentuch. Durch die Körperwärme, die dort in der Gegend, wo sich bei ihr der Rockbund befand, besonders intensiv sei, erklärte Oma weiter, würde der Schnotten zuerst einmal vollständig austrocknen. Danach sei nichts Feuchtes mehr im Tuch. Und durch die Körperbewegung und die dadurch entstehende Reibung, die dort in der Gegend, wo sich bei ihr der Rockbund befand, besonders intensiv sei, würden dann die bröckeligen Reste des Schnottens einfach wie Staub aus der Aussteuer purzeln. Und dann sei das Taschentuch wie frisch gewaschen! Bereit für neue Einsätze!

Ach so.

Warum es dann unter meiner Nase, jetzt nach der Putzaktion, denn so ein bisschen brennen würde, fragte ich Oma. Und sie sagte, das läge am Schnotten selbst. Der sei aggressiv und böse und würde die Haut gern mal angreifen und sei überhaupt völlig unhygienisch.

Ach so.

Das konnte ich verstehen. So ein fieser Schnotten! Dem musste beigekommen werden! Ich entschied mich für eine schnottenfreie Welt! Ich wollte und musste Oma in ihrem Kampf gegen selbständig agierende Körperflüssigkeiten unterstützen! Wenn ich also fortan jemanden erblickte, dem flüssiges Sekret aus der Nase zu rinnen drohte, nickte ich sachte in dessen Richtung und sagte leise zu Oma: «Da will einer Lemgo sehen.»

Und bereits sehr kurze Zeit später hörte ich sie sagen: «Doller! Bis dasde Lemjo sehen kannst!»

Woraus ich mir natürlich auch einen Spaß machte. Und meinen Bruder und Üttchen abwechselnd beschuldigte. Denn nichts ist so unangenehm, wie ein wegen Ausstoß des Vorbenutzers noch warmes, feuchtes Taschentuch ins Gesicht gedrückt zu bekommen.

Hi, hi!

Wie viel Gelbes damals bei meinem Bruder mit herausgekommen ist, darüber lassen sich bloß Vermutungen anstellen.

Allerdings nicht von seiner Seite aus.

ANNE LABBE

Wenn ich etwas sehr Ungezogenes tat und dabei erwischt wurde, wie zum Beispiel laufenden Schnotten einfach so mit meinem Ärmel abzureiben, ohne auf Omas frisch bereites Taschentuch zu warten, fragte mich Oma: «Wisste einen anne Labbe?»

Aber ich wusste nicht, was es bedeutete.

Und so antwortete ich, nachdem dies ein paarmal passiert war: «Jau.»

Zack! – hatte Oma mich sehr schnell und schwungvoll mit der flachen Hand am Kinn gestreichelt.

Aua!, dachte ich. So was geht aber zärtlicher.

«So was geht aber zärtlicher!», sagte ich bestimmt.

Dafür sei das nicht da, erklärte Oma. Die Anmahnung des Vorgangs, auch in Form einer Frage, sei dazu gedacht, das Kind wieder zurück auf den Pfad der Tugend zu holen. Und zwar müsse es den Weg dorthin eigenständig gehen. Und zwar flott. Dabei käme es schon mal vor, dass das Kind sich verlaufe. Wie Hänsel und Gretel im Wald.

Und dann passiere die Ausführung des angemahnten Vorgangs, und diese diene dazu, das Kind wieder zurück auf den Pfad der Tugend zu *leiten.* Ihm die richtige Richtung mitzugeben. Bei schwierigen Fällen seien mehrere solcher Kurskorrekturen vonnöten.

Ich fragte Oma, wo denn genau der Pfad der Tugend sei.

Oma sagte, der sei immer da, wo *sie* stehe. Oder knapp daneben.

Ach so.

Das sei ja ganz einfach, sagte ich, dann würde ich einfach immer neben ihr stehen. Oma sagte, dass täte ich doch sowieso schon den ganzen Tag und man dürfe sich auch ruhig mal entfernen, aber eben nix tun, was unhygienisch sei oder so was.

Ach so.

Ich solle mir keine Gedanken machen, sagte Oma, das würde ich ja sowieso schon zur Genüge tun, *sie* würde schon dafür sorgen, dass ich mich nicht verlaufe.

Prima, dachte ich. Es konnte so einfach sein, das menschliche Miteinander. Dann erklärte ich Oma, dass sie sich aber wegen des Schnottens, der nun in meinem Ärmel weilte, keine Sorgen machen müsse. Denn ich hätte den Abputzvorgang heute Mittag schon einmal vollführt, und dann sei der Schnotten durch meine Körperwärme ausgetrocknet, und dann sei er durch meine Körperbewegung einfach aus dem Ärmel herausgepurzelt. Mein Ärmel wäre jetzt also wie frisch gewaschen!

Bereit für neue Einsätze!

Oma sah für einen Moment so aus, als wäre sie eingefroren, dann:

Zack! – bekam ich einen anne Labbe.

Und wusste nicht, wieso.

Kurz darauf hatte ich eine Hand im Nacken, ein Tuch im Gesicht, und eine Stimme sagte: «Doller!!»

HAARNETZ

Nachts trug Oma immer ein Haarnetz auf dem Kopf. Es war ein rundes, ganz feines braunes Netz mit einem runden, ganz feinen braunen Gummiband drum herum. Wie eine Duschhaube, nur durchsichtig. Obwohl es über Omas großen Dickkopp passte, konnte man es ganz klein machen und in einer Kinderfaust verschwinden lassen. Oma sagte, das würde die Locken schönhalten und somit die Dauerwelle und dann sei morgens nicht alles so durcheinander.

Ich fragte mich, wie bei Oma etwas durcheinandergeraten sollte, wo sie doch fast sitzend im Bett lag und sich gar nicht bewegte und genau so wieder aufstand.

Fast immer schnarchte sie auch. Ziemlich laut sogar.

Ich ging dann zu ihr rüber und sprach sie darauf an.

Es dauerte immer eine ganze Weile, bis sie wach wurde. Einmal so lang, dass ich im Stehen vor ihrem Bett eingeschlafen war.

Wenn sie mich dann irgendwann (er)hörte und ich ihr dann sagte, sie würde schnarchen, sagte sie nur: «Quatsch! Lech dich wieda hin!»

Wenn ich eine halbe Stunde später wieder bei ihr vorsprach, um ihr zu erklären, dass sich die akustischen Umstände wenig bis gar nicht geändert hätten, sagte Oma gähnend: «Lüjen tuste, das biste! Lech dich wieda hin!»

Wollten Worte nicht helfen, ließ ich Taten folgen und

ging im Folgenden dazu über, ihr die Nase zuzuhalten. Beide Kinderhände gebrauchte ich dazu, denn Oma hatte eine sehr große und breite Nase. Das läge in der Familie, sagte sie. Alle anderen mütterlicherseits hätten ebenfalls diese Nase. Es sei eine Säger-Nase. Ich hätte ebenfalls eine Säger-Nase, sagte sie, und es sei eine gute Nase. Sie würde durchaus funktionieren, und man hätte meist den richtigen Riecher. Mit «Säger» meinte sie eigentlich ihren ursprünglichen Familiennamen, ich vermutete jedoch damals, es beschreibe das Geräusch, welches nachts daraus hervorging.

Biggi und Banda leisteten ganze Arbeit. Sie bissen fest und kräftig in die fette Knolle, bis dass die Flügel nur noch feine Schlitze waren, durch die kein Wind mehr drang.

Dann war plötzlich Totenstille.

Immer genau so lang, bis mir die Panik durch den Kopf schoss: Jetzt hast du Oma auf dem Gewissen und dein kleines läppisches Leben verwirkt, bloß weil du egoistischerweise schlafen wolltest, du egozentrisches, müdes Etwas!

Und immer just in diesem Moment rotzte ein riesiges Räuspern durch den Raum, Biggi und Banda stoben auseinander, Oma murmelte «Nimm ma 'n Bolchen!», drehte den Kopf ein Müh zur Seite und – war leise!

Jawoll!

Manchmal hielt dies sogar so lange an, bis ich eingeschlafen war. Meistens aber nicht. Dann steckte ich irgendwann verzweifelt meinen Kopf unter mein Kopfkissen, damit ich einschlafen konnte. Nach solchen Nächten war morgens immer ganz schlimm meine Frisur durcheinander.

Kurz darauf fing ich ebenfalls an, ein Haarnetz zu tragen.

SCHÄFCHEN ZÄHLEN

Wenn ich nicht einschlafen konnte und über das riesige Federbett hinweg Oma wissen ließ, dass ich nicht einschlafen könne, sagte Oma immer: «So ’n Quatsch!»

Ich lag dann ein paar Minuten ganz still und überlegte, ob Oma vielleicht recht hatte und ich vielleicht doch einschlafen konnte. Oder vielleicht sogar schon schlief und ich bloß träumte, ich könne nicht einschlafen. Ich kam dann zu dem Schluss, dass, wenn ich noch darüber nachdachte, ob ich einschlafen könne, ich wohl kaum schon schlafen konnte. Also ließ ich Oma über das riesige Federbett hinweg nach gründlicher Prüfung der Situation wissen, dass ich ehrlich nicht einschlafen könne.

Dann sagte Oma, ich solle Schäfchen zählen.

Und ich sagte, sie solle das Licht anmachen.

Und Oma fragte, warum das denn jetzt?

Und ich sagte, sonst könne ich die Schäfchen ja wohl sehr schlecht sehen, denn es sei ja stockdunkel.

Oma sagte, die Schäfchen müsse ich mir vorstellen.

In meinem Kopf.

Wie sie über einen Zaun springen.

Das würde ich wohl sehr gut schaffen, denn sonst würde ich mir ja auch den ganzen Tag irgendwelchen Blödsinn ausdenken.

Also strengte ich mich an und stellte mir einen Zaun vor.

Er war links oben über meinem Bett. (Oder war es rechts?) Aber es kam kein Schäfchen. Ich wartete und hatte den Zaun weiterhin fest im Auge.

Dann kam ein Schäfchen und hüpfte drüber.

Ich musste leise lachen.

Wie blöd das Schäfchen war.

Es hätte doch drum herum laufen können, der Zaun war nicht breit. Aber nein, es springt drüber!

Ha, ha!

Dann kamen die anderen, und ich begann zu zählen. Ich konnte aber seinerzeit nur bis zwanzig zählen, und als ich am Ende war, fing ich wieder mit eins an.

Nach einer ganzen Weile sagte ich zu Oma, es seien nun zwanzig und zwanzig und zwanzig und zwanzig Schäfchen über den Zaun gesprungen und ich hätte jetzt keine Lust mehr, weiter Schäfchen zu zählen. Und Oma sagte, das würde jetzt auch reichen. Das seien schon eine ganze Menge Schäfchen, die da nun abgehauen seien. Die müssten nun aber wieder zurück auf die Weide. Ich solle sie also bloß noch wieder zurückhüpfen lassen, und dann solle ich mich noch mal melden.

Ich kam bis neun.

Oder acht.

EMMEL INNE MÄSE

Beim Essen waren wir Kinder immer ein wenig eher fertig als die Erwachsenen, und so saßen wir ungeduldig da und mussten warten, bis auch alle anderen fertig waren, denn bevor nicht auch alle anderen fertig waren, war es nicht erlaubt aufzustehen.

Wenn ich dann also so dasaß und wartete und wieder von einer Backe auf die andere rutschte, fragte Oma immer: «Na, haste Emmel inne Mäse?»

Fragen, auf die ich keine Antwort wusste, quittierte ich immer mit hochgezogenen Augenbrauen und abschätzig arrogantem Blick. Das war neu. Hatte ich mir bei Bert in der Sesamstraße abgeguckt.

Funktionierte. Führte bei meinem Gegenüber zu offensichtlicher Unsicherheit.

Hab ich bis heute beibehalten.

Oma wollte wisse, ob *ich* denn wohl aufs Sofa müsse.

Ich antwortete, wenn nachher die Decke darauf läge, würde ich wohl meinen Mittagsschlaf darauf halten.

«Freundchen!», sagte Oma mit erhobenem Zeigefinger.

Ein paar Tage später saß ich mit meiner Großcousine auf dem Bett in ihrem Zimmer. Viermal hatte ich ihr bereits das Pflaster mit dem schwarzen Punkt vom Auge gerissen und beim letzten Mal versteckt.

Wir hatten es beide nicht wiedergefunden, jetzt war uns langweilig.

Ich versuchte, ihrer Puppe Holländisch zu vermitteln, meine Großcousine schlug lustlos mit Omas Fliegenklatsche nach einem dicken Brummer.

Der war so langsam, dem hätte man im Gehen die Hose flicken können, wenn er denn eine angehabt hätte und zu Fuß unterwegs gewesen wäre. Und deshalb erwischt sie ihn, und er fiel hinab aufs Bett.

Interessiert robbte ich rüber.

Meine Großcousine nahm den Brummer zwischen Daumen und Zeigefinger – und drückte zu. Und noch während sie quetschte und hinten ein weiches Etwas rausquoll, schrie sie: «Iiiiiih! Das is ja Emmel!»

Ich kam der Sache näher.

Ein paar Nachmittage nach diesem Vorfall saßen Biggi und ich im Schatten der hohen Tannen und beschatteten Banda. Wir waren nämlich Detektive und wollten herausfinden, ob er eine außerfamiliäre Beziehung führte oder außerkörperliche Erfahrungen machte. Mit wem auch immer. Dann fuhr Didi mit seiner Freundin auf dem Mofa vor. Man hörte sie schon von weitem nahen, was diesmal nicht an dem Mofa lag. Sie stritten sich.

Didi parkte das Zweirad, Sylvie rollte hinten runter und sagte laut: «Mach doch was de wisst!»

Didi blieb sitzen und sagte ebenso laut: «Das mach ich auch! Da! Sssst!»

Die Pferdeschlachtertochter zuckelte sich den Minirock zurecht – von dem Papa gesagt hatte, das sei kein Minirock, das sei bloß ein sehr, sehr breiter Gürtel – und schrie: «Dann geh ich jetzt nach Hause!»

«Jau!», sagte Didi. «Cheh!» Und winkte mit der Hand Richtung Ferne.

Das Kaltblüter mit dem heißen Temperament stöckelte auf den Bürgersteig, und ohne sich noch einmal umzudrehen, rief Sylvie: «Du kannst mich ma anne Mäse lecken!»

Mein Blick hing fest auf dem breiten Gürtel, und ich wusste sofort, was sie meinte.

Manchmal braucht man im Leben nur ein bisschen Geduld, und alle offenen Fragen klären sich von ganz allein.

«Emmel inne Mäse» bedeutete also ungefähr das Gleiche wie «Schiss inne Buxe». Das war nun so sicher wie die Armen in der Kirche.

Als es einige Zeit später also wieder dazu kam, dass ich unruhig bei Tisch von einer Backe auf die andere rutschte und Oma zu mir sagte: «Na, haste Emmel inne Mäse?», stand ich auf, streckte die Brust raus, schlug die Hacken zusammen und sagte mit fester Stimme und im Brustton der Überzeugung: «Ich – habe – keine – Angst!»

Und setzte mich wieder.

Alle im Raum sahen sich gegenseitig stumm und hilflos an, dann hörte ich Oma leise Mama fragen: «Der Junge hat doch nichts davongetragen, oder?»

DIE RATTE IM KELLER

Einmal hatten wir eine Ratte im Keller.

Seit Tagen schon hörten wir helle fiepende Geräusche, konnten deren Herkunft aber nicht verifizieren. Didi vermutete gegenüber Oma noch den Ursprung unter Üttchens Kittel, schließlich aber fand Tante Creme heraus, dass die Geräusche aus dem Kohlenkeller kämen und dass es sich wohl um eine Ratte handeln müsse, die durch das auf Kipp stehende Fenster hineingefallen war und nun verzweifelt versuchen würde, wieder herauszugelangen.

Onkel Friedlich wurde daraufhin nach unten geschickt und bestätigte die Vermutung nach seiner Rückkehr mit einem Nicken und sehr, sehr blassem Gesicht. Tante Creme sagte in einem sehr hysterischen Ton, er solle gefälligst wieder nach unten gehen und sie töten.

Hätte ich es gekonnt, ich hätte es sofort gemacht. Ich hätte Tante Creme getötet und wäre nach unten gegangen.

Onkel Friedlich schüttelte allerdings bloß den Kopf und sah weiterhin sehr blass aus. Didi sagte, er habe nichts Wichtiges im Keller und somit auch nichts damit zu tun und müsse jetzt sowieso dringend tanken fahren.

(Ich überlegte, dass wir nach diesem Eingeständnis den Keller als Didis Wohnort hier im Hause schon einmal ausschließen konnten.)

Papa sagte, unbewaffnet würde er keinen Fuß über die

Kellerschwelle setzen und könne dies auch niemand anderem empfehlen. Sein Gewehr sei leider, leider in der Kaserne im Schrank, aber er wolle es gern holen – und verschwand.

Die Frauen des Hauses waren in heller Aufregung und hatten bereits den Schuhschrank vor die verschlossene Kellertür geschoben und mit Mamas Sommerschuh-Korkabsätzen die Klinke arretiert. Hochwahrscheinlich deshalb, weil *wenn* die Ratte einen Dietrich besäße und aufschlösse und versuchen würde, die Türklinke herunterzudrücken, um danach die Tür aufzuschieben, dann ginge das nicht, denn der Schuhschrank mit Mamas Sommerschuh-Korkabsätzen verhinderte das ja.

Als Oma von all dem hörte, lächelte sie leise und sagte dann laut: «So ’n Quatsch!»

Sie ging in den Schuppen, zog sich ihre Gummistiefel an und nahm die Plattschippe vom Haken. Mit dieser bewaffnet, stiefelte sie an allen vorbei zum Keller, entfernte die Korkabsätze, schubste den Schuhschrank beiseite, schloss die Tür auf und stieg hinab.

Das gesamte Haus stand am Kellereingang und lauschte.

Tante Cremes vollfettige Hand umfasste die Klinke der Kellertür, damit – so ließ sie uns wissen –, falls die Ratte versuchen sollte, an Oma vorbei treppauf zu flüchten, sie diese unverzüglich schließen könne.

Mir fiel wieder ein, wie Oma mir einmal erzählt hatte, dass an ihr noch keiner vorbeigekommen sei, aber ich sagte nichts.

Oma ging Richtung Kohlenkeller und machte die Tür auf und ging hinein. Man hörte schweres Atmen, und ich überlegte, ob es Oma war oder die Ratte.

Ich hörte Oma rufen: «Wo biste?»

Aber die Ratte sagte nichts.

Die musste echt böse sein! Wenn die nicht mal antwortete.

Das traute sich sonst niemand, Oma nicht zu antworten.

Dann gab es ein komisches Geräusch. Die Plattschippe schlug ein paarmal auf den Boden, und jemand schrie mit ganz heller Stimme.

Dann war Ruh.

Schritte schlurften zurück zur Kellertreppe, und das Erste, was wir sahen, war eine Plattschippe mit einer Ratte darauf. Und die war so lang, das sie an beiden Seiten herunterhing. Auf der einen Seite der Kopf, auf der anderen Seite der Schwanz.

Dann kam der Stiel der Schippe. Und dann kam Oma.

Alle Frauen riefen «Iiiih!» und liefen weg.

Oma kam die Treppe herauf, übergab die Schippe ihrem Sohn und sagte, er solle die Ratte draußen, hinter dem großen Busch, begraben. Onkel Friedlich nahm stumm die Schippe (wie auch sonst) und ging durch die Diele in den Hof, Richtung großer Busch.

Ich war so froh, dass Oma nichts passiert war.

Ich hatte mir vorgestellt, was gewesen wäre, wenn die Ratte *sie* fies überwältigt hätte. Ihr mit der Schippe eins übergezogen und sie nach oben getragen hätte. Oma darauf liegend und an beiden Seiten runterlappend. Auf der einen Seite der Kopf, auf der anderen Seite der Kittel. Und wie die Ratte dann zu Onkel Friedlich gesagt hätte: «Geh und vergrab sie hinter dem großen Busch!»

Aber ein Glück war es ja andersrum ausgegangen.

NERVEN

Irgendwann einmal kam Tante Erna mit ihrem letzten Huhn vorbei. Omas Schwester. Das sei nun alt, und sie könne ja nicht ewig warten, bis es endlich stürbe, womöglich noch *vor ihr*, das hätte es ja noch nie gegeben, irgendetwas müsse doch nun passieren, und Oma schlug vor, da könne man doch noch eine schöne Suppe draus kochen, und Tante Erna sagte, ja, das habe sie sich auch so vorgestellt, aber alle Männer in ihrem Haushalt hätten, was das Schlachten anbelangt, dankend abgelehnt.

«So 'n Quatsch!», sagte Oma, ging in den Schuppen und holte das Beil.

Als Mama und ich an jenem Nachmittag um die Ecke in den Hof bogen, bot sich uns ein recht außergewöhnliches Bild:

Zwei fröhliche Kittel standen am Holzblock. Tante Erna, den Körper des Huhns halb zwischen den Beinen und halb in den Händen, und Oma ihr gegenüber, mit dem Kopf des Huhns in der einen und dem Beil in der anderen Hand.

«Gibt lecker Suppe morgen», sagte Oma und schlug zu.

Zack!

Mit dem Beil allerdings war es wie mit den beiden Schwestern – lange her, dass es einmal scharf gewesen war.

Zack!

Zack!

Dreimal hatte Oma bereits zugeschlagen, da befreite sich das Huhn plötzlich aus Tante Ernas Griff und flatterte schließlich – den Kopf noch neben dem Hals hängend – über den Hof.

Oma lachte sich scheckig bei dem Anblick und Tante Erna auch. Mama lachte gar nicht, zerquetschte fast Biggis Kopf, zog mich unverzüglich ins Haus und sagte mehrfach kopfschüttelnd zu sich selbst: «Die hamm Nerven, die hamm Nerven!»

Als ich später wieder nach draußen kam, saßen Tante Erna und Oma in zwei Stühlen, und Tante Erna rupfte dem Huhn die Federn heraus, und Oma saß daneben, deutete mit dem Finger auf das Huhn und sagte: «Da noch!»

Ich fragte Oma, warum das Huhn noch herumgelaufen sei, obwohl es doch den Kopf danebenhängen hatte, und Oma sagte, das seien die Nerven gewesen.

Und mir fiel wieder ein, was Mama gesagt hatte.

Und ich stellte mir vor, wie Oma und Tante Erna – die Köpfe noch auf die Kittel klatschend – über den Hof flattern würden, bei den Nerven, die sie hatten.

Und wie Oma ständig schrie: «Perlt alles ab! Perlt alles ab!!»

VERTUT SICH

Tante Hilde kam des Öfteren auf ihrem Fahrrad vorbei. Sie wohnte in Knetterheide und war die Schwester von Tante Creme. Was man akustisch daran merkte, dass auch sie sehr gern sehr viel redete. Und wie ihre Schwester wusste auch Tante Hilde alles. Über jeden im Dorf. Und in der Stadt. Und redete, ohne Pause zu machen. Ab und zu fragte sie etwas, aber sie wartete nicht auf die Antwort, sie gab sie meist selbst.

Was dazu führte, dass Oma und ich nach jeder ihrer Stippvisiten wieder auf dem neusten Stand der Geschehnisse waren, obwohl ich in dieser Stunde *gar nichts* gesagt hatte und Oma viermal «Jau!».

Tante Hilde arbeitete in einem Pelzladen in der Stadt. Und Oma sagte immer: «Die glaubt, sie sei etwas Besseres.»

Ich fragte mich, wieso sie das glauben tat. Und warum ihr keiner gesagt hatte, dass das nicht stimmt, wenn es doch nicht stimmt? Und überhaupt: Was Besseres als was? Besser als Oma und ich? Besser als Oma und ich konnte es doch keinem gehen. Wir hatten einander. Und Üttchen. Und Tante Hilde war immer allein. Und ihr Fahrrad hatte nicht mal einen Namen. Traurig.

Was nachhaltig von Tante Hilde im Gedächtnis bleibt, ist, dass sie es perfektioniert hatte, über eine anwesende dritte Person mit einer zweiten Person, wobei sie selbst die erste

Person war, in der dritten Person zu sprechen. Sie saß in einem der Sessel in Omas Stube, sah in Omas Richtung, ließ ihre Augen aber, ohne den Kopf zu bewegen, immer mal wieder zu mir herüberzucken und fragte Oma dann mit ihrer sehr quäkigen Stimme: «Wie geht es ihm denn?»

«Och», sagte Oma.

«Geht es ihm gut?»

«Och», sagte Oma.

Biggi, Banda und ich zählten seit einer Stunde dic kleinen bunten Punkte auf den Metallpiksern, die in Omas Nadelkissen steckten. Um zu einem exakten Ergebnis zu gelangen, zählte jeder von uns einzeln, während die anderen beiden korrigierten oder alternative Ziffern vorschlugen. Im Moment war Banda an der Reihe.

«Was machta denn?», fragte Tante Hilde.

«Och», sagte Oma, «er vertut sich.»

«Och», sagte Tante Hilde, «vertuta sich?»

Vertut sich, vertut sich, dachte ich. Ich hatte mich noch nicht ein einziges Mal vertan! Wie konnten die so was behaupten? Ach, Mist, jetzt war Banda völlig rausgekommen und musste noch mal von vorne anfangen.

«Er ist doch ganz lieb», sagte Oma.

«Och, issa lieb?»

«Issa.»

«Lieb issa also, hm?» Kleine Pause, dann wieder Tante Hilde: «Und wie geht es ihm?»

«Och», sagte Oma. «Er vertut sich so.»

«So, so», sagte Tante Hilde, «vertuta sich …»

OMMA HEIDES SPUCKE

Tante Hilde wohnte noch bei ihren Eltern. Was somit auch die Eltern von Omas Schwiegertochter waren. Also Tante Creme. Also waren sie die Oma und der Opa von der Cousine und dem Cousin meiner Mutter, also die Oma und der Opa von meiner Großcousine und meinem Großcousin. Außerdem gab es noch die Oma meines Vaters. Und ihren Sohn. Meinen Opa. Und damit man bei all den Omas und Opas nicht durcheinanderkam, wurde einfach die Örtlichkeit, wo die entsprechende Person wohnte, hinten drangehängt, sodass jeder wusste, von wem man sprach. Und da Knetterheide einfach zu lang gewesen wäre, besuchten wir also ab und an Omma Heide. Tante Creme und Tante Hildes Mutter.

Omma Heide trug hinten am Kopf einen Dutt. Beschützt von einem kleinen Haarnetz. Einmal in meinem Leben sah ich sie mit offenem Haar. Und das war sehr imposant, denn es reichte herab bis auf ihre Hüften. Omma Heide hatte immer und stets ein Glas Wasser neben sich stehen, aus welchem sie auch immer und stets in regelmäßigen Abständen einen Schluck trank.

Als ich Oma einmal fragte, warum Omma Heide denn immer so viel saufen tue, erklärte sie mir, dass Omma Heide keine Spucke mehr habe. Und da ihr Mund dann oft sehr trocken sei, trinke sie halt immerzu einen Schluck Wasser.

Ich nickte und sagte, ich verstünde. Omma Heides Spucke sei wohl auch im Krieg geblieben. Und sofort fiel mir wieder Omas erster Mann ein, wie er da dreibeinig in Südfrankreich stand, mit Üttchens Haaren und Omma Heides Spucke im Mund.

Doch Oma schüttelte bloß den Kopf und sagte: «So ’n Quatsch!»

Dann überlegte ich, dass Omma Heide wohl irgendwas Unerwartetes erlebt haben musste, das sie so überrascht hatte, dass ihr die Spucke weggeblieben war. Und dachte an ihre Töchter. Tante Creme und Tante Hilde. Und wie hässlich die waren. Kein Wunder, dachte ich.

Als mir dann beim nächsten Zahnarztbesuch durch einen biegsamen Schlauch im Mundwinkel die Spucke abgesaugt wurde und ich fasziniert beobachtete, wie das wohl funktionieren würde, und den Verlauf des Schlauches verfolgte und sah, dass er im Fußboden des Behandlungszimmers einfach verschwand, hatte ich plötzlich das Bild im Kopf, wie Omma Heide dort unten beim Zahnarzt im Keller saß und am anderen Ende saugte.

FAULES OBST

In Omas Garten stand ein großer Pflaumenbaum. Und direkt neben der Einfahrt ein großer Birnenbaum. Und hinter den hohen Tannen am Feldrand zwei große Kirschbäume. Wenn es dann so weit war, wurde immer fleißig gepflückt. Mit sehr langen Stangen, die eine Kralle und ein kleines Säckchen am Ende hatten. So krallte man sich das Obst und zog es in das Säckchen hinein. Und mit Leitern, wobei Oma immer unten stand, die Leiter festhielt, mit dem Finger irgendwo in den Baum deutete und sagte: «Da noch!»

Wenn nun ein Obst herunterfiel, verließ sie kurz die Leiter, bückte sich, hob es auf, guckte es an – und aß es auf.

Als auch ich anderes am Boden liegendes Obst aufheben wollte, sagte Oma barsch, das solle ich liegen lassen, das sei faules Obst.

Ich wusste zuerst nicht, was sie meinte, aber im Laufe des Tages ging ich immer wieder hin zu den beiden Birnen, und immer wenn ich guckte, lagen sie noch genauso da wie zuvor. Abends wusste ich endlich, was Oma meinte. Diese beiden Birnen waren tatsächlich faules Obst, denn sie hatten den ganzen Tag nichts anderes getan, als herumzuliegen. Nicht ein einziges Mal bewegt hatten die sich.

Die faulen Obste.

Faulheit konnte Oma nicht leiden. Und wer so faul war

wie die beiden Birnen, der war es auch nicht wert, eingekocht zu werden.

Ansonsten wurde alles eingekocht, was in Einmachgläser passte. Dann kam die aktuelle Jahreszahl darauf, und dann kam das Glas in Omas Keller zu den anderen in ein riesiges Regal. Oma sagte, da passiere «cha nix dran» und wir könnten noch Jahre später das leckere Obst von diesem Jahr essen. Ich fragte sie, warum wir nicht mal das leckere Obst von 1957 probieren würden, das stände schließlich auch noch im Keller.

Wieder einer dieser Momente, in denen ich einen «anne Labbe» bekam und gar nicht wusste, warum.

DIE STERNE

Zweihundert Meter die Straße runter war die Baumschule Spilker. Direkt am Friedhof. Walter und Erika führten den Laden in der soundsovielten Generation und hatten zwei Söhne. Frank und Rainer. Als die beiden noch Babys waren, waren meine Mama und ihre beste Freundin ihre Babysitter. Und wie alle Jungen (und auch Mädchen) im Dorf, waren Frank und Rainer später natürlich auch Kunden bei Oma. Immer wenn sie sich wieder ein Loch ins Beinkleid gerissen hatten, standen sie kurz danach in der Diele mit drei Mark in der einen und einem Zettel von Erika in der anderen Hand.

Oma sagte: «Dann ma rein inne Stube und raus ausse Buxe!»

Und dann saßen sie da und warteten, bis Oma den Riss genäht oder das Loch gestopft hatte. Ich war meist anwesend, dachte an meine Schweigepflicht und schwieg. Wir hatten uns nicht viel zu sagen, denn die beiden waren ja viel älter als ich. Mindestens schon zehn oder elf. Und machten natürlich Sachen, die große Jungs machen. Wie zum Beispiel auf dem Friedhof auf Bäume klettern, um vor Zombies zu fliehen oder so was.

Eines Tages war es wieder Frank, der sich ein kapitales Loch in die Palomino gerammt hatte und nun in hellblauem Schlüpfer und in der einen Hand drei Mark und in der anderen den Zettel von Erika in Omas Stube saß und wartete.

Oma sagte: «Könnwa nur noch 'n Flicken drauf machen.»

Frank sagte: «Okay.»

Oma sagte: «Wisste dir einen aussuchen? Marco, zeich ma, was wa dahamm!»

Ich stand auf, holte die Blechdose mit den Flicken aus dem Nähschrank, öffnete sie und schüttete den Inhalt vor Frank auf den Tisch. Danach machte ich noch eine präsentierende Bewegung mit der Hand, um die spärliche Auswahl größer und appetitlicher zu machen, als sie war.

Oma sagte: «Wisste den Baum nehmen? Würd ja passen, ne?» Und lachte leise.

Frank sagte: «Weiß nich …»

Ich sagte: «Ich find ja den Stern ganz schön.»

Frank sah mich an und fragte: «Meinste?»

Huch!

Da hatte ich nicht mit gerechnet.

Er gab was auf meine Meinung und wollte Bestätigung. Ich wurde etwas gerader in Haltung und Ausdruck, legte ein ernstes Gesicht auf, begann zu nicken und sagte dann: «M-hm …»

Frank fing ebenfalls an zu nicken und sagte: «Okay …»

Oma sagte: «Mussich aber zwei haben. Das is zu groß hier das Loch.»

Ich nickte immer noch, nahm die Sterne und brachte sie Oma.

Frank nickte auch immer noch und sah mir zu.

Ich nickte weiter und ging zurück zu meinem Stuhl. Bevor ich mich setzte, sah ich Frank tief in seine Augen, schloss die meinen und nickte ein letztes Mal. Diesmal sehr langsam. Auch Frank nickte ein letztes Mal, und allen im Raum war in diesem Moment klar, dass hier gerade die richtige Entscheidung getroffen worden war.

Oma begann, die Sterne aufzunähen, und fragte: «Und? Was macht die Schule?»

«Och», sagte Frank, «gut.»

«Machta denn grade?», fragte Oma.

«Gedichte», antwortete Frank.

«Och!», sagte Oma. «Is doch schön!»

Frank sah aus dem Fenster und sagte: «Na ja …»

«Nich?», fragte Oma.

«Muss bis morgen eins schreiben», sagte Frank. «Hab aber keine Idee.»

«Och!», sagte Oma. «Das kann ja nich so schwierig sein. Marco! Krich Frank ma 'n Zettel und 'n Stift!

Ich krichte Frank 'n Zettel und 'n Stift.

«So. Bisse so weit?», fragte Oma, während sie weiter an den Sternen nähte.

«Jau», sagte Frank.

«Erstma musste dir überlejen, über was de schreiben wisst. Oder über wen», erklärte Oma.

«Okay», sagte Frank. «Nehmen wir doch ihn hier.» Und nickte in meine Richtung.

Ich sah erschrocken zu Oma rüber. Aber sie schaute bloß runter auf Nadel und Faden und sagte: «Na jut. Jeht los:

Er hat immer Hunger
Er muss immer essen
Er muss wohnen und schlafen
Und er muss vergessen

Dass gestern wie heute wird
Heute wie morgen
*Und dass in diesem Laden herzlich wenig passiert.**
Haste?»

«Jau», sagte Frank.

Ich starrte staunend zwischen Oma und Frank hin und her. Aber niemand sah zu mir. Die eine nähte und erzählte, und der andere schrieb und schwieg. Ich war anscheinend gar nicht anwesend. Zur Bestätigung, dass dem nicht so war, blickte ich einmal kurz an mir herab. Ich war doch anwesend. Na, ein Glück.

Oma hörte gar nicht auf zu dichten, und Frank schrieb und schrieb und schrieb.

Ich krichte ihm noch viermal neue Zettel.

Dann war die Hose fertig und alle Zettel voll. (Besser als andersrum.)

«Die drei Mark steckste wieder ein», sagte Oma. «Sachste Erika, sollse mir ma wieda schöne Tulpenzwiebel für bringen, ne?»

«Jau», sagte Frank. «Und danke schön!»

«Jau», sagte Oma.

Und Frank sprang aus dem Haus, und ich sah ihm nach, wie er die Straße hinablief. Und auf dem dunkelblauen Palomino-Firmament leuchteten selbst in der Ferne hell und klar die Sterne.

....

* Aus dem Song «Universal Tellerwäscher» von «Die Sterne».

ONKEL JUSTAV UND HAMBURCH

Hinter den hohen Tannen kam ein Stück Rasen, und dann kam ein kleiner Acker. Heute stehen dort zwei Häuser, aber die waren damals noch nicht geboren, deshalb war da Platz. Das Stück Land gehörte auch zu Omas Grundstück, aber da sie es nicht brauchte, verpachtete sie es an Onkel Gustav. Onkel Gustav war nicht unser «richtiger» Onkel, aber wir alle nannten ihn so. Genauso wie Didi unser «richtiger» Onkel war, aber wir alle bloß Didi sagten. Bloß andersrum.

Onkel Gustav durfte darauf anpflanzen, was er wollte, und wir Kinder hofften endlich mal auf Mais, damit wir ein Labyrinth hineinknabbern könnten, aber es blieb immer bloß bei Korn.

Onkel Gustav erstellte die schönsten Kornfelder, die ich je gesehen habe. Bis heute. Sie sahen aus wie von van Gogh gemalt. Wie wild gewachsen, mit Wellen und Kurven und Pirouetten darin. Als ich irgendwann später die Arbeiten von Gaudí studierte, dachte ich an die Felder von Onkel Gustav.

Oma sagte, das läge daran, dass er schon mittags stramm sei.

Ich fragte, was das bedeuten würde, und Oma sagte: «Der pichelt sich cherne ein, der Chustav. Deswegen machta ja auch nur Kornfeld.»

Ach so.

Dass Onkel Gustav das *überhaupt* noch hinbekommen würde, hätte er einzig und allein Hamburch zu verdanken, sagte Oma. Und als ich fragte, wer denn Hamburch sei, erklärte Oma, das sei seine Stute.

Onkel Gustav habe all seinen Rössern die Namen von bedeutenden, großen deutschen Städten gegeben. Und nachdem ihm Lemgo und München und Berlin weggestorben seien, sei halt nur noch Hamburch übrig. Aber die habe es wenigstens einigermaßen drauf, in der Furche zu bleiben. Wenn bloß nicht Onkel Gustav hinten auf dem Pflug immer so rumremenastern würde.

Ich wollte noch vorschlagen, doch das Sofa aus der Küche darauf zu montieren, dann würde er ganz sicher still sitzen, aber Oma war schon weiter: «Der raucht wie 'n Schlot und süppkert wie 'n Loch, aber da kannste Pferde mit stehlen.»

Ich stellte mir vor, wie Onkel Gustav und Oma damals gemeinsam in der Nacht losgezogen sind und Lemgo, München, Berlin und Hamburch heimlich irgendwo «befreit» haben.

«Und heute wollte er das Feld umpflügen?», fragte ich.

«Jau», sagte Oma und blickte aus ihrem Küchenfenster hinaus auf die hohen Tannen. Im Hof saß Üttchen im Gartenstuhl und blickte in dieselbe Richtung.

«Aber wo bleibta denn?», fragte ich weiter.

«Issa wieda nich ausse Plünnen jekommen», sagte Oma. «Hatta wo chestern wieda orntlich zujelangt und is noch dune. Kommta wieder nich inne Pötte!»

Ich sah sie einen Moment lang an. Dann fragte ich vorsichtig: «Du meinst, es dauert noch?»

«Jau», sagte Oma und trank erst mal einen Wacholder.

Es war ein sonniger Tag gewesen, und als ich in den Hof trat, sah ich, dass Üttchen wieder im Sitzen eingeschlafen war. Um zu erkennen, dass sie saß, musste man schon etwas genauer hinsehen, da Höhe und Breite und Tiefe bei ihr ja dasselbe Maß hatten. Ich wusste allerdings, dass da, wo die Perücke saß, oben war.

Ich überlegte, ob sie uns alle im Haus den einen oder anderen Tag nicht vielleicht schon einmal veräppelt hatte. Indem sie sich morgens in einer Laune die Perücke auf den Fuß gesetzt hatte. Und wir alle hatten den lieben langen Tag zum Beispiel mit ihrer linken Mauke geredet und hatten es nicht bemerkt. Oder mit ihrer rechten. (Ich wusste ja nicht, wo rechts und wo links war. Hatte ich das schon erwähnt?)

Hätt ja können sein.

Als ich hinter den hohen Tannen war, war Onkel Gustav bereits auf dem Feld. Hamburch stand in Position, bereit, loszuackern. Als Onkel Gustav mich erblickte, rief er: «Na? Wisste mitfahn?»

Ich wollte.

Zack! – saß ich auf dem Pferderücken.

«Eigentlich wollte ich hinten auf den Pflug», sagte ich.

Das ginge nicht, erklärte Onkel Gustav, denn da müsse etwas sehr, sehr Schweres drauf, damit der Pflug in die Erde gedrückt würde, und ich sei nun mal ein Fliegengewicht, also würde das mit mir nicht funktionieren, und deshalb müsse *er* dort stehen.

Ach so.

Er käme gleich wieder, erklärte er weiter, er wolle bloß Oma grad Bescheid geben, dass er nun anfangen würde. Ich solle mich doch so lange mit Hamburch unterhalten, die wär ganz lieb.

Na gut.

Während Onkel Gustav also weg war, stellte ich Hamburch meine beiden Freunde vor. «Das sind Biggi und Banda», sagte ich. «Die beiden kommen aus ärmlichen Verhältnissen.»

Doch Onkel Gustav kam gar nicht wieder. Es dauerte und dauerte, also rutschte ich die Stute hinab und lief zurück zum Haus.

Üttchen saß (oder stand oder lag) noch immer schlafend im Stuhl. Als ich in die Küche kam, saßen Oma und Onkel Gustav am Tisch und hielten kleine klare Gläschen in der Hand und sahen sehr betrübt aus.

«Das habbich ja noch chanich chewusst», sagte Onkel Gustav.

Er atmete einmal schwer ein und aus, dann hob er das Pinnecken und sagte: «No, denn. Auf'n Walter!»

«Jau», sagte Oma.

Es machte kurz «klick», und dann wurden die Gläschen ausgetrunken.

Jetzt atmeten beide einmal schwer ein und aus, dann sagte Onkel Gustav: «Das war 'n Chuten. Den Walter.»

«Jau», sagte Oma. «Wisste noch ein?»

«Jau», sagte Onkel Gustav.

Als Oma mich erblickte, sagte sie, dass das hier jetzt gerade noch etwas dauern würde. «Cheh du ma inne Stube und zähl ma noch ma die bunten Köppe vonne Nadeln. Da habbich chestern welche rausjezogen.»

Ach so.

Na gut.

Es waren zwanzig und zwanzig und zwanzig und zwanzig und drei Stück. Biggi, Banda und ich hatten jeder einmal gezählt, es musste stimmen. Als ich Oma das Ergebnis mitteilen wollte, war die Küche leer.

Ich lief in den Hof. Niemand da.

Auch Üttchen war weg. Ebenso ihr Stuhl.

Dann hörte ich von hinter den hohen Tannen jemanden lachen.

Als ich um die Ecke bog, sah ich Oma und Onkel Gustav kichernd im Gras sitzen und auf das Feld starren. Zwischen sich zwei leere Gläser und eine fast leere Flasche Wacholder.

Auf dem Feld selbst drehte Hamburch selbständig ihre Runden und zog den Pflug hinter sich her. Darauf ein Gartenstuhl.

Üttchen schlief noch immer.

DIE ANTWORT

Eines Tages – Onkel Gustav war gerade wieder dabei, das Feld umzupflügen – blieb Hamburch einfach stehen.

Sie bewegte sich keinen Millimeter mehr. Onkel Gustav hatte versucht, sie zu schieben, aber das half nicht, und dann hatte er versucht, sie zu ziehen, aber das half nicht, und so sagte er uns Bescheid, und dann versuchten Onkel Gustav, Oma, Üttchen und ich gemeinsam, sie zu schieben, aber das half nicht, und dann versuchten wir gemeinsam, sie zu ziehen, aber das half auch nicht.

Hamburch stand einfach da und sah nach unten.

Ich folgte ihrem Blick und überlegte, ob sie vielleicht etwas Interessantes entdeckt hätte und deshalb nicht zu bewegen war, konnte aber außer Erde nichts erkennen.

«Was is das denn fünne Dickkopp?», fragte Oma.

«Hattse noch nie jemacht», sagte Onkel Gustav.

«Noch nie jemacht, noch nie jemacht!», sagte Oma. «Dann hol ich ma die Forke, dann sosste ma sehen, wie die läuft!»

«Nee», sagte Onkel Gustav. «Da is was nich richtich. Da hol ich ma lieba den Vieharzt.»

Und so wurd's gemacht.

Doktor Begemann kam, und weil gerade Schulferien waren, hatte er seinen Sohn dabei, damit der sich zu Hause nicht langweilte. Oder anderes. Oder Schlimmeres. Der sei «nämich auch stahk inne Puppateet», ließ Oma leise verlauten.

Während Doktor Begemann die Stute unter die Lupe nahm (Ha, ha! Witzig! Ich stelle mir vor, wie groß diese Lupe gewesen sein muss!), sprach Oma mit seinem Sohn: «Hömma, Bernd, bisse jetz nich bald feddich?»

«Nächstes Jahr.»

«Und was machste dann?»

Bernd blickte auf seine Schuhe und wischte mit dem einen Schuh etwas Erde von dem anderen. Er hatte sehr schöne Schuhe. Die waren ganz, ganz glatt und schwarz und sahen so aus, als wolle er gleich damit zum Tanztee täckern.

«Tja», sagte Bernd. «Wenn ich *die* Antwort man wüsste …»

«Wüsste, wüsste, Norseeküste!», sagte Oma. «Mit die Schuhe machste schöne Banklehre, ne?»

«Banklehre», wiederholte Bernd, während er noch immer nach unten schaute.

«Oder wisste Doktor werden wie dein Vadder?», fragte Oma.

«Ja, wenn ich *die* Antwort man wüsste …»

Ich vermutete, Oma würde jetzt was mit Ostseeküste sagen, sagte sie aber nicht. Stattdessen fragte sie: «Oder bisse nich so füre Tiere?»

Bernd sah noch immer auf seine Schuhe und murmelte: «Wenn ich *die* Antwort man wüsste …»

«Haste keine andere Antwort im Reservoir?» Oma wurde laut.

Üttchen und ich zuckten zusammen.

Onkel Gustav hatte sich anscheinend auch erschrocken

und nahm flott einen Schluck aus seiner flachen Medizinflasche, wo das Mittel drin war für sein Herz.

Bernd setzte gerade dazu an, den Satz erneut zu wiederholen, als sein Vater auf uns zukam. «Die hat Unterleib», sagte der. «Ich empfehle ein krampflösendes Zäpfchen, damit die erst mal hier vom Felde kommt. Das hab ich dabei, aber das muss ganz tief eingeführt werden, und ich hab die langen Handschuh vergessen.»

Oma sah Üttchen an und sagte: «Krich ma die Gummidinger aussen Stall!» Üttchen rollte los.

Derweil gab Oma bei Bernd nicht auf: «Wisste nich Politiker werden? Die reden auch immer das Gleiche.»

«Wenn ich *die* Antwort man wüsste», sagte Bernd.

Oma sah den Doktor an, aber der zuckte bloß mit den Schultern, wühlte weiter in seiner Tasche nach dem Zäpfchen und murmelte: «Was willste machen. Schwieriges Alter.»

«Jau», sagte Oma.

Als Üttchen mit den Handschuhen zurück war, zog Oma sie über, nahm das Zäpfchen entgegen und sagte: «Rest kriegich hin.»

Der Doktor sagte, das sei ganz wunderbar, denn er habe jetzt gleich den nächsten Termin. Wir alle verabschiedeten uns von allen, und Oma stand am Stutenpo, und während der Doktor und sein Sohn das Feld räumten, rief sie noch laut hinterher: «Über die Antwort denkste nochma nach, ne?»

«Mach ich!», rief Bernd zurück.

Oma schob das Zäpfchen in das Pferdchen.

«Geht schneller, als de denkst», sagte sie laut. «Und: zack! Bisse in Hamburch!»

MACH DICH AUFFE BEINE

Das Moffa könnte au ma wieda jeputzt werden!», sagte Oma.

«Jau», sagte Didi. «Brauch ich heut nich mehr. Kannste machen, wennde wisst.»

«Ich??» Oma wurde laut.

Üttchen und ich zuckten zusammen.

«Du!!»

«Das is nich mein Moffa! Das is Üttchens ihrs! Da! Sssst!»

Üttchen sagt leise: «Ich bin nich sicher, meins war leiser.»

Doch Oma blieb bei ihrer Lautstärke: «Ja, wie kommt der denn da dran?»

«Wer?»

«Ja, der Dreck?»

«Wo dran?»

«Ans Moffa!!»

«Ja, was weiß ich! Von Fahn vielleicht?!»

«Sisste!» Oma zeigte wieder mit dem Zeigefinger Richtung Didis Gesicht. «Und wer *is* jefahn?»

Didi sah nach unten. «Ich kann nich putzen …», grummelte er in seinen nicht vorhandenen Bart.

Omas Stirn kräuselte sich. «Was kannste nich?»

«Putzeehn!»

«Wieso nich?»

«Ich hab so schlappe Finger, ich glaub, ich hab Rheuma.»

«Was hast du?» Omas Nasenflügel zuckten. Kein gutes Zeichen.

«Rheuma.»

«Rheuma! Rheuma! – Rheuma dein Zimmer auf! Kannste gleich hintendran hängen!»

Didi machte große Augen und schien entsetzt. «Du warst in mein Zimmer?»

Oma lächelte leicht und sagte zwei Silben: «Sau – stall!»

Didi wurde laut: «Was hast du in mein Zimmer zu suchen?!»

Oma lächelte jetzt nicht mehr, machte einen Schritt auf Didi zu und sagte: «Ich hab nix jesucht. Aber einiges jefunden. Kein Wunder, dassde schlappe Finger hast.»

Didis Lippen waren fest aufeinandergepresst und zuckten und zitterten.

«Wolln wa das breittreten?», fragte Oma.

Didi schüttelte bloß den Kopf.

«Dann mach dich auffe Beine!»

Didi trottete aus der Küche.

Üttchen und ich seufzten im Chor.

«Warste wirklich in sein Zimmer?», fragte Üttchen.

«Wo isses denn?», fragte ich.

Oma grinste uns an. «Ich habe keine Ahnung.»

KOPPSABOLDA

Üttchen konnte supergut Federball spielen.
Warum, weiß niemand so genau. Auch nicht, wann und wo sie es erlernt hatte. Fragen zu dem Thema wurden abschlägig beschieden.

Mama trat oft gegen sie an, verlor aber jedes Mal. Immer, wenn ich sie dann trösten wollte, sagte sie, das müsse ich nicht. Es mache nichts, dass sie verloren habe, denn es bestünde ja die Chance, dass sie an einem anderen Tag gewinnen würde.

Aber dieser Tag sollte nie kommen.

Als die beiden wieder einmal zum erneuten Kräftemessen im Hof zusammentrafen, saßen Oma und ich auf der Bank vorm Stall und sahen zu. Oma und ich hatten nämlich von Federball genauso viel Ahnung wie vom Mofafahren. Nämlich gar nicht.

Üttchen bekam wirklich jeden Ball. Nun war dies sicherlich ein Spiel, bei welchem die geringe Geschwindigkeit des fallenden Federballs ihrer Körperlichkeit in die Hände spielte, trotzdem wirkte sie äußerst behände.

Es waren kaum merkliche Bewegungen. Man musste sehr genau hinsehen, denn man sah ja die Beine kaum. Man sah nur einen Kittel, der sich wie auf Schienen hin und her bewegte. Sie war richtig flott unterwegs. So flott war sie sonst nur, wenn Essen fertig war.

Da Üttchens Statur eine breite war, konnte sie mit geschicktem Schlägerwechsel von einer Hand in die andere eine solche Distanz überwinden, für die Mama einige Schritte laufen musste.

Eigentlich war das unfair.

«Hattse!», sagte Oma.

Oma war so schlau. Sie wusste schon, während der Ball noch dabei war, den Zenit seiner Flugbahn zu erreichen, ob Üttchen ihn bekommen würde oder nicht.

«Hattse», sagte Oma und freute sich.

Ich überlegte, dass Oma anscheinend ganz klar zu Üttchen hielt. Denn sie freute sich deutlich mehr, wenn Üttchen den Ball traf, als wenn Mama den Ball traf. Ich entschied also, zu Mama zu halten.

«Aus!», schrie ich.

Alle drei sahen mich an.

«Wir haben doch noch gar nicht angefangen», sagte Mama.

Ach so.

Ich murmelte «Entschuldigung» und wartete mit weiteren Einwürfen, bis der Einwurf erfolgt war.

«Schaffste, Mama!», rief ich.

Woraufhin Mama es auch schaffte, den Ball zu Üttchen zu spielen.

Woraufhin Oma sagt: «Hattse!»

Hatte sie auch.

Mistekiste, dachte ich.

«Mit Pfeffer, Mama!», rief ich.

Woraufhin Mama den Ball mit Pfeffer zu Üttchen spielte.

Woraufhin Oma sagt: «Hattse!»

Und hatte sie auch.

Verdammich!

«Mit Schmackes, Mama!», rief ich.

Woraufhin Mama den Ball mit Schmackes zu Üttchen spielte.

Woraufhin Oma sagt: «Hattse!»

Was stimmte.

Was war das aufregend!

Ich sprang von der Bank auf und schrie: «Den kriegste! Und dann höher! Und doller!»

Woraufhin Mama zum Ball hechtete, währenddessen mit dem Schläger weit ausholte und dann BOOM!

Mama traf das Federviech doller als je zuvor. Es schoss in den Himmel, und ringsum schien die Zeit stehenzubleiben. Mama, Oma, Üttchen, ich, wir alle sahen nach oben, dem Ball hinterher. Er flog eindeutig höher als je zuvor. Er war bloß noch ein Vogelschiss am blauen Himmel. Jeder von uns versuchte, die Flugbahn einzuschätzen. Die Zeit, die blieb. Mama, um abzuschätzen, ob Üttchen ihn bekommen würde. Üttchen, um abzuschätzen, ob sie die Strecke pünktlich schaffen würde. Ich, um abzuschätzen, ob mein Ratschlag etwas wert gewesen war.

Der Ball war bereits auf seinem Weg der Erde entgegen, und Oma hatte noch nichts gesagt. Sie war sich wohl unsicher.

Ha, ha!

Dann war ja wohl mal ganz klar, wer hier den Punkt machen würde!

Ich sah zu Üttchen.

Der Kittel hatte eine Entscheidung getroffen.

Er rollte nach hinten.

Ich sah wieder zum Ball.

Das würde knapp werden. Für Üttchen oder für Mama.

Ich sah wieder zu Üttchen. Sie glitt noch immer rückwärts. Unmerkliche Bewegungen trugen sie näher und näher zur Hauswand.

Sie holte aus und –!

Heute bin ich mir sicher, sie hätte ihn bekommen.

Wenn da nicht der Sandkasten gewesen wäre.

Üttchen stolperte über die Kante, fiel rücklings Richtung Sand, kam der Länge / Höhe / Breite (ist dasselbe) nach auf, die Beine schnellten in die Luft, um gleich danach über ihren Kopf hinwegzufegen, der Körper folgte, der Schädel ebenfalls – bloß die Perücke nicht.

Üttchen lag bäuchlings im Sand, das Gesicht in der Perücke, den Schläger noch immer in der Hand.

Der Würfel war gefallen.

Sie hatte einen Koppsabolda gemacht.

Etwas, das sonst gern kleine Kinder machen, die laufen lernen.

«Koppsabolda!», sagte ich staunend, ehrfürchtig, fast tonlos.

Dann war Totenstille im Hof, und alle starrten mit offenem Mund in den Sandkasten. Dort regte sich für wenige Sekunden gar nichts, dann fing Üttchen an zu wackeln. Sie lachte anscheinend.

Mama prustete los, lehnte sich vornübergebeugt auf ihren Federballschläger, und Tränen strömten wie ein Bach an Arm und Sportgerät entlang zu Boden. Auch Oma lachte, als gäbe es kein Morgen. Sie zog ihr Lieblingstaschentuch aus dem Kittel und rieb sich damit die Augen, aus welchen das Wasser nur so rauslief – wobei der Aussteuerlappen zuerst leicht knisternde Geräusche von sich gab.

Und auch ich lachte. Und Üttchen ebenfalls. Sie rappelte sich hoch – ich wendete mich ab, so wie ich es gelernt hatte, wenn sie oben ohne war –, stülpte sich die Perücke wieder über und kroch aus dem Sandkasten, noch immer wackelnd und bebend und hatte bestimmt seit mehreren Minuten keine Luft geholt. Sie lief bereits blau an, da endlich ertönte das erlösende Einatmen.

Ha!

Nachdem wir uns alle wieder ein wenig beruhigt hatten, was lange dauerte, kam Üttchen auf Mama und mich zu und sagte noch immer leicht glucksend: «Na, das machta ja woh nich noch ma, ne?»

Mama und ich schüttelten grinsend den Kopf, und Oma sagte sehr ernst: «Aus! Der Ball war aus!»

KLOTTEN

Oma entschied, dass der Sandkasten an der Hauswand wegmüsse.

Er sei lebensgefährlich und würde weiteren Matches – im wahrsten Sinne der Worte – bloß im Wege stehen. Außerdem sei der Sand jetzt ganz platt. Es sei nicht sicher, ob man aus diesem Sand jemals nochmals einen Kuchen würde backen können. Oder eine Burg. Um nicht zu sagen, es sei sogar unsicher. Um nicht zu sagen, sie glaube nicht.

Und außerdem sei die Kante jetzt völlig klotten.

Ach so.

Ich war sehr traurig, denn Biggi, Banda und ich hatten viele schöne Stunden in ihm verbracht. Und verbanden mit der Lokation viele schöne Erinnerungen. Wie der Tag, an dem wir zu dritt meinen Bruder davon überzeugt hatten, dass dies *wirklich* ein echtes «*Eis*» war. Bloß nicht so kalt.

Als er es vertilgte, freute er sich sehr und bedankte sich bei uns für den guten Tipp.

Oma und ich standen neben dem Kasten, und Oma stupste leicht mit ihrem linken Fuß (oder dem rechten, ich weiß es nicht!) an das Brett, das die Körner einst im Zaum halten sollte. Es war zerbrochen. Üttchen hatte es auf ihrem beschwerlichen Weg aus dem Kasten heraus mit ihrem Gewicht beschwert, und das Brett hatte gedacht, der Leichtere gibt nach.

«Ist das wirklich richtich klotten?», fragte ich traurig.

Oma nickte. «Is klotten.»

«Ehrlich?» Ich war den Tränen nahe.

Oma nickte: «Völlich klotten.»

«Kann man da gar nix mehr machen?» Ich gab noch nicht auf.

Oma stupste noch einmal dagegen und schüttelte dann den Kopf. «Is klotten.»

Biggi, Banda und ich waren kurz davor, im Chor loszuheulen, da sagte Oma: «Machen wa 'n neun. Hintere Tannen.»

Gesagt, geplant!

Didi meinte, wenn Üttchen den Kasten klotten gemacht habe, müsse sie auch für einen neuen sorgen. Üttchen sagte, dass sie ja bloß versucht habe, den Ball zu kriegen. Und den hätte ja Mama geschlagen, und die hätte das ja nur gemacht, weil ich das gerufen hätte.

Alle sahen mich an.

Ich sagte, ich sei das nicht gewesen, es wäre hochwahrscheinlich Biggi gewesen, aber hätte auch Banda sein können, ich sei nicht mehr ganz sicher, weil ich ja noch nicht wüsste, wo rechts und links sei, und die beiden sich zu dem Thema auch auf Nachfrage noch nicht geäußert hätten, machten also hochwahrscheinlich von ihrem Nichtaussagerecht gegenüber Verwandtschaft Gebrauch, aber auch das wisse ich nicht genau, denn sie hätten seit diesem Vorfall nicht mehr mit mir geredet.

Und zur Bekräftigung meiner Aussage sagte ich noch: «Da! Sssst!»

Oma sah mich wieder mit diesem gewissen Blick an und seufzte.

Am nächsten Tag fuhr Onkel Gustav vor. Hamburch zog einen kleinen Anhänger, darauf ein Haufen Sand. Onkel Gustav bugsierte den Karren rückwärts auf die freie Fläche zwischen hohen Tannen und Feld und schippte alles runter. Oma reichte ihm in regelmäßigen Abständen kleine Gläschen mit farblosem Inhalt, die Onkel Gustav bereitwillig annahm, dann Sätze sagte wie «Bei jedem Körnchen ein Körnchen, ne?» oder «Schnell wech damit, bevors verdunsten tut, ne?» oder «Was der Bauer nich frisst, das trinkta halt, ne?», dann lachte er immer kurz auf, und dann machte er immer kurz leer, den Kurzen.

Als ich dazustieß, fegte Onkel Gustav gerade die Ladefläche sauber. Auf dem Rasen an den hohen Tannen lag nun ein veritabler Haufen Sand. Eigentlich war es ein Hügel. Oder nein, eigentlich war es ein Berg. Ja! Es war ein Berg! Und er sah herrlich aus. Und er wollte bestiegen und bespielt werden, das sah ich ihm an. Biggi und Banda waren so aufgeregt, dass sie am ganzen Leibe zitterten.

Ich fragte Oma: «Darf man da schon drauf?»

«Jau», sagte Oma.

«Kommen da noch Bretter drumrum?»

«Ne», sagte Oma und leckte den Rest aus dem kleinen Gläschen, das sie in der Hand hielt. «Macht Üttchen nur wieder klotten.»

KLAPPBUTTER

Wenn Sommer war, spielten wir Kinder draußen im Hof oder auf dem Feld nebenan, hinter den hohen Tannen oder auf dem Rasen davor oder auch mal in Omas Gemüse- und Blumengarten, was sie aber nicht so gerne sah.

«Das seh ich nich so jerne!», sagte sie dann laut.

Ach so.

«Das seh ich überhaupt nich jerne!!»

Ich sagte zu Oma, dann müsse sie doch bloß woanders hingucken, dann würde sie was anderes sehen, wenn sie das hier, wie sie behauptete, nicht so gerne sehen würde.

Zack! – Wieder einen «anne Labbe», und ich wusste nicht, wieso.

Die neuste Attraktion allerdings war der Sandberg. Er zog sämtliche Kinder der Nachbarschaft an. Fast so viele wie der Eiswagen, der im Sommer jeden Tag bimmelnd abbremste und in unserer Straße ganz bestimmt das Geschäft seines Lebens machte. Ich trug ein gelbes T-Shirt, auf dem waren Schweinchen Dick und mein Name aufgedruckt. Doof war nur, dass, wenn ich es trug, ich es selber nicht sehen konnte. Bei dem Namen wäre es egal gewesen, denn ich konnte ja eh noch nicht lesen, aber das Schweinchen war doch so süß. Ich saß meist auf der Spitze des Berges – der Vorteil des Platzhirschen ist es, den Platz frei zu wählen – und winkte von oben herab.

Unten tummelte sich nähere und weitere Verwandtschaft und das übliche Gesinde und winkte fröhlich zurück. Wenn es nach mir gegangen wäre, hätte es immer so bleiben können.

Ich merkte, dass ich auf dem besten Weg zum Erwachsensein war, als Oma eines Abends rief: «Wisste ’n Klappbutter?»

Das musste man sofort annehmen, denn mit dem Klappbutter in der Hand durfte man dann weiterspielen gehen!

Es war eine in der Mitte geteilte Scheibe Brot, bei der die Hälften einander zugewandt verschiedene Arten von Belag beschützten. Heute würde man vielleicht sagen «Brot to go», damals hieß es Klappbutter.

Die andere Aufforderung zum Abendessen hieß: «Komm hierhin, ich hab dir ’n Butter jemacht!» Das bedeutete allerdings, dass man an Ort und Stelle verweilen und vertilgen musste, um sofort danach das Federtheater zu besuchen. Wo jeden Abend die gleiche Vorstellung lief. Langweilig!

Alle «Großen» aber bekamen ein Klappbutter.

Ich gehörte nun dazu!

Ha, ha!

Nimm dies, Bruder!

Als ich mit dem abgebissenen Klappbutter in der Hand und vollem Mund um die hohen Tannen bog, um wieder meinen angestammten Platz auf der Spitze des Sandbergs einzunehmen, hätte ich mich fast verschluckt!

Der fiese Hennes, Gesindebruder erster Güte, mit seiner kackbraunen Grobcordhose, die er immer trug, saß auf *meinem* Platz!

Ich dacht, ich werd nicht mehr!

Er hatte also fröhliche Ausgelassenheit vortäuschend den ganzen Nachmittag am Fuße des Berges gespielt, aber eigentlich bloß auf den Augenblick gewartet, an dem ich zum Abendbrot gerufen wurde, um dann hinter-meinem-Rücken-hältigerweise *meinen* Platz einzunehmen.

Ich dacht, ich werd nicht mehr!

Wie lange ging das schon so?

Die Zerkleinerung des Klappbutters war mitten im Kauvorgang abgebrochen worden. Ich stand da mit leicht geöffnetem Mund, und die zuerst aufgrund von Erstaunen hochgezogenen Augenbrauen hatten sich tiefgezogen. Wegen Sauerheit.

Als der fiese Hennes mich entdeckte, staunte auch er eine Sekunde lang, dann lächelte er fies (was auch sonst) und sagte: «Och! Guck ma einer an!»

Ich erinnerte, wie Oma es immer machte und dass sie damit ja gut gefahren war all die Jahre, und sagte mit halb vollem Mund: «Guck ma einer an, guck ma einer an? – Wüsste, wüsste, Ostseeküste!»

Der fiese Hennes und die anderen blickten sich verstört und verwirrt an. Dann aber hatte sich Hennes gefangen, streckte die Brust raus und sagte bedeutungsschwer: «Der König isst Brot, es lebe der König!»

Einige verwirrte Seelen riefen: «Jaaaa!»

Ich notierte mir inwärts ihre Namen.

Just in dem Moment, in dem ich Luft holte, um diesem Aufstand ein Ende zu bereiten, rief von weiter Ferne die seichte Mutter des fiesen Hennes: «Henni! Happi!»

Ich grinste und kaute in aller Ruhe zu Ende.

Jetzt saß er fett in der Zwickmühle. Man sah es auch

in seinem fiesen fettigen Gesicht. Er kaute nervös mit den Schneidezähnen auf seiner Unterlippe. Nachdem ich meinen Brot-Belag-Brei runtergeschluckt hatte, sagte ich lächelnd: «Happi, Happi, Henni.»

Der fiese Hennes stand auf, schnaubte dabei wütend und lief den Berg hinab nach Hause.

Gelassen stieg *ich* den Berg hinauf.

Einige Opportunisten wollten mir plötzlich den Arm stützen oder mich anschieben oder warnten mich vor kniffligen Passagen, doch ich ließ es nicht zu oder hörte darüber hinweg. Ich kannte meinen Weg. Und all die unebenen Gegebenheiten, die mir darauf begegnen würden.

Lasst ab, ihr Narren!

So saß ich schließlich wieder auf dem mir gebührenden Platz und verabschiedete meine Untertänigsten einen nach dem anderen mit einer wohlwollenden Handbewegung zum familiären Abendbrot und sah ins Abendrot.

Ich war allein.

In meiner Hand noch immer die Hälfte meines allerersten Klappbutters, in meinen Augen Wehmut, die guttut.

Üttchen kam um die Ecke und sagte: «Da bisse ja!»

Ich winkte lässig herab. Sozusagen «herablässig».

Ihr schien die Aussicht von hier aus ebenfalls zu gefallen, und sie sagte: «Watte, ich komm 'n büschen bei dich bei …»

«Lieber nicht», sagte ich, «dann wird der Sand so platt, dann gehen die Körner klotten.»

Üttchen ging gar nicht darauf ein. Sie sah auf mein angebissenes Klappbutter und fragte: «Isste das noch?»

GELBLICH-GRÜNLICH

Oma wurde beim Busfahren immer schlecht. Weshalb sie auch eigentlich immer alle Wege mit dem Neckermann absolvierte. Manche Strecken aber waren so lang oder verfügten über eine solche Steigung – und waren vielleicht außerdem zusätzlich noch dringlich –, dass sich eine Busfahrt nicht vermeiden ließ.

Stand eine solche an, bewaffnete sich Oma mit einer Tüte.

Und diese Tüte trug sie in ihrer Tasche. Es war eine Tüte von Seifenplatz. Mit freundlich gelblich-grünlichem Aufdruck.

Wozu sie denn diese Tüte beim Busfahren brauche, fragte ich Oma, und sie erklärte mir, dass sie da reinspucken würde, wenn ihr die Galle hochkäme. Was denn die Galle sei, wollte ich wissen. Und Oma sagte, das sei zähflüssige Körperflüssigkeit, die ihr immer dann vom Magen in den Mund schießen würde, wenn sie sich bewegen würde, ohne dass sie sich selbst bewegen würde. Also beim Busfahren. Besonders in Kurven und wenn der über Hückel fuhr. Außerdem sei diese zähflüssige Körperflüssigkeit gelblich-grünlich und würde allein schon deshalb farblich ganz wunderbar in diese Tüte passen.

Ach so.

Als Oma dann den Bus nach Herford nehmen musste,

weil sie sich in der Restetruhe Stoff besorgen wollte, musste ich mit. Denn es sei keiner zu Hause, und allein könne ich nicht bleiben, also müsse ich mit.

Biggi und Banda protestierten heftig und sagten, sie hätten schon länger dies unterschwellig passiv aggressive Verhalten ihnen gegenüber gespürt, aber jetzt sei ja wohl offensichtlich, dass Oma nicht anerkennen würde, dass sie zwei ebenfalls vollwertige Mitglieder dieser Familie seien.

Oma blickte den beiden abwechselnd in die Augen und sagte: «Jetzt erst recht.»

Ich wandte ein, dass es ja gut sein könnte, da wir, Oma und ich, ja miteinander verwandt seien, dass mir ebenfalls beim Busfahren die Galle hochkommen würde und dass es aus diesem Grund wohl besser sei, ich hätte auch so eine gelblich-grünliche Tüte zur Hand.

«So 'n Quatsch», sagte Oma.

Ich sei jetzt aber doch schon sehr verunsichert und würde mir Sorgen machen bezüglich der bevorstehenden Busfahrt, ließ ich sie wissen.

Oma sagte, wenn es tatsächlich dazu käme, was sie nicht glaube, dann könnte ich ihre Tüte natürlich mitbenutzen. Und für den äußerst, äußerst unwahrscheinlichen Fall, dass uns beiden gleichzeitig schlecht werden würde, könne man da sogar gemeinsam reinspucken. Die Öffnung sei groß genug für zwei, und es sei auch noch reichlich Platz in der Tüte. Für mein bisschen Galle auf jeden Fall, beruhigte sie mich.

Ich war sehr beruhigt.

Als wir an der Bushaltestelle standen und warteten, peste Tante Hilde mit dem Fahrrad auf der anderen Straßenseite vorbei und rief, ohne anzuhalten: «Na? Wie geht es ihm denn?»

Oma hob den Arm zum Gruße und rief: «Och!»

Dann kam der Bus, und wir stiegen ein.

Oma bestand darauf, mittig im Bus und am Gang zu sitzen. Auf ihrem Schoß die Handtasche, darin die Spucktüte, daneben ich.

Biggi und Banda sahen aus dem Fenster.

Bis Knetterheide rauf war alles in Ordnung.

Als der Bus im Bexter Wald ein paar kleine Kurven nahm, stieß Oma zum ersten Mal auf. Sei aber wohl bloß Luft gewesen, ließ sie mich wissen.

In Lockhausen hatte Oma dann die Handtasche bereits offen stehen, ebenso die darin befindliche gelblich-grünliche Tüte.

«Schaffste, Oma», sagte ich.

Als wir Amsen passierten, sagte Oma, dass die Luft nun dicker würde. Und bei Elverdissen hatte ihr Gesicht die gleiche Farbe wie die Tüte. Gleichzeitig mit dem Ortseingangsschild von Herford kam auch die Galle. Oma hing mit dem Kopf nah über der Öffnung ihrer Handtasche und würgte und spuckte hinein. Je länger ich dies beobachtete, desto schlechter wurde mir.

Angekommen auf dem Alten Markt in Herford, hingen wir beide über der Tüte. Oma hatte recht gehabt, die Öffnung war tatsächlich groß genug für zwei.

Der Busfahrer sagte: «Endstation. Alles muss raus!»

«Jau», sagte Oma, nahm ihr Lieblingstaschentuch und wischte uns beiden den Mund ab.

Wir stiegen aus, Oma sah prüfend in ihre noch immer

offene Handtasche und damit auch in die Tüte hinein und sagte: «Nich ma halb voll. Prima.»

Ich wollte wissen, was daran prima wäre, und Oma sagte: «Na, wir müssen ja noch zurück.»

DÖNNEKES

Eines Nachmittags hockte meine Großcousine neben dem Jägerzaun auf dem Rasen, und ich saß daneben auf meinem Hüpfball.

Wir spielten «Hohen Blutdruck».

Biggi, Banda und ich hatten das Spiel erfunden und es ihr einmal kurz vorgemacht. Man musste in die Hocke gehen, die Luft anhalten und dann innerlich ganz doll pressen wie beim Aa-Machen.

Ziel des Spiels war es, einen besonders hochroten Kopf zu bekommen.

Man hätte hundert Versuche, dann sei der andere dran, erklärte ich ihr.

Meine Großcousine saß drückend am Zaun, ich hatte ihr Pflaster mit dem schwarzen Punkt auf der Stirn kleben, wippte locker mit dem Hüpfball auf und ab und bewertete ihre Versuche auf einer Skala von eins bis zwei.

Plötzlich kam der fiese Hennes vorbei, baute sich am Zaun vor uns auf, grinste und sagte: «Na? Guck ma einer an!»

Dann nahm er seine linke Hand (kann auch die rechte gewesen sein) und formte mit Daumen und Zeigefinger eine Null. Oder ein O. Dann nahm er den Zeigefinger der anderen Hand (rechts oder links) und steckte diesen in die Null. Oder das O. Und dann zog er den Zeigefinger wieder heraus und steckte ihn wieder rein und zog ihn wieder raus und steckte ihn wieder rein, und das machte er immer schneller und schneller, und dann lachte er laut auf und lief weg.

Meine Großcousine und ich sahen uns verstört an.

Sie zuckte mit den Schultern, ich zuckte mit den Schultern.

Was hatte uns der fiese Hennes mitteilen wollen?

Wir hatten keine Ahnung.

Dass allerdings der fiese Hennes etwas wusste, was ich nicht wusste, konnte ich so nicht durchgehen lassen. Also sagte ich zu meiner Großcousine, ich müsse da mal gerade etwas recherchieren, wir würden «Hohen Blutdruck» morgen zu Ende spielen, sie solle aber noch ein bisschen üben, sonst würde ich sie blass aussehen lassen.

Sie sagte: «Na gut», und presste weiter, während ich um das Haus herum in den Hof hüpfte.

Ich hörte, wie irgendwo hinter mir oben ein Fenster aufgerissen wurde und die krächzende Stimme hinter der gelben Tapete schrie, dass das ja wohl das *Allerletzte* sei! Dass ihre eigene Tochter (!), ihr eigen Fleisch und Blut (!), am helllichten Tag (!) kackend am Jägerzaun säße! Was sollen bloß die Nachbarn denken? Und wo überhaupt schon wieder ihr verdammtes Augenpflaster sei? Sie würde jetzt sofort auf ihr Zimmer gehen, sie hätte Stubenarrest bis zur Rente!

Ich wusste nicht, was Rente ist, aber es hörte sich lange an.

Tante Creme schmiss das Fenster wieder zu, und ich stellte mir vor, wie sie jetzt wutentbrannt in ihren Tiegel langte und sich zur Beruhigung erst einmal die Hände einrieb.

Ich hörte meine Großcousine heulen und stellte mir vor,

wie ihr ohnehin hochroter Kopf noch hochröter wurde und anschwoll und anschwoll, bis er schließlich platzen würde, und wie Tante Creme das Fenster wieder aufreißen würde und die Sauerei am Jägerzaun herabtropfen sähe und dann mit aller Kraft schrie: «Was sollen bloß die Nachbarn denken!»

Ich ging durch die Diele, wo mir Üttchen entgegenkam, die lustig fragte: «Hammse dich in Kopp jeschossen?»

Ach so!

Ich riss mir das Pflaster mit dem schwarzen Punkt von der Stirn und klebte es auf dem Weg in die Stube auf den Handlauf der Treppe nach oben. Dort wollte es jedoch nicht so richtig halten, denn der war ganz fettig.

Oma saß da und nähte.

Ich erklärte ihr, der fiese Hennes sei soeben vorbeigeflogen und hätte uns einer ominösen Handbewegung ausgesetzt. Oma fragte, welche es denn gewesen sei, und ich zeigte sie ihr.

Ähm …

Oma wirkte einen Moment lang unsicher, fing sich aber sofort wieder.

Das hätte es früher nicht gegeben, ließ sie mich wissen. Das sei neu. Das dürfe man so eigentlich auch nicht benutzen, denn es sei … äh … geheim! Genau! Das käme aus der Raumfahrt. Wie auch diese neuen Bratpfannen mit Telefonbeschichtung. Mit denen man braten und telefonieren konnte.

Gleichzeitig.

Quatsch sei das!

Wenn es brutzeln täte, würde man ja sein eigenes Wort

schon kaum verstehen, wie sollte man dann noch anderen zuhören. Neumodischer Kram sei das. Ich solle davon Abstand nehmen und es am besten auch gleich wieder vergessen.

Ach so.

Was es denn bedeuten würde, wollte ich wissen.

Ja, sagte Oma, das Runde sei die Erde, und mit dem Finger würde man zeigen, wo man «wech» käme. Gedacht, um Außerirdische zu begrüßen. Vereinfacht gesagt, sei es das intergalaktische Zeichen für «Ich wünsche Ihnen einen guten Tag!». – Aber wie gesagt, es sei geheim, und ich solle Stillschweigen über die Bedeutung bewahren und sowieso die letzten zehn Minuten einfach vergessen. Das würde ich wohl ganz gut schaffen, denn ich würde ja viele Dinge gern vergessen. So wie Zähneputzen zum Beispiel.

Ach so.

Es sei ihr auch völlig schleierhaft, wo Hennes dies aufgeschnappt haben könnte, außer bei der NASA, aber da sei er ja nicht, und sie wolle die Tage mal sehr genau mit seiner seichten Mutter darüber reden.

Ich fragte Oma, worüber sie mit Hennes' Mutter denn sprechen wollen würde.

Oma antwortete, über das intergalaktische Zeichen, das er uns gezeigt hätte.

Intergalaktisches Zeichen?

Welches intergalaktische Zeichen, wollte ich wissen.

Na, über das sie gerade geredet hätte, sagte Oma etwas intensiver. Und schickte die Frage hinterher, ob ich neben all den anderen Sachen jetzt auch noch «dösich jeworden» sei.

Ich sagte ihr, dass ich wirklich keine Ahnung habe, wovon sie da rede.

Oma sah mich wieder mit diesem misstrauischen Blick an und befahl, ich solle jetzt mit «die Dönnekes» aufhören, sonst würd sie mir die Hammelbeine langziehen.

Ich zuckte mit den Schultern und sagte, es täte mir sehr, sehr leid, aber ich könne mich wirklich an nichts erinnern, was in den letzten zehn Minuten passiert sei.

Oma hob den Zeigefinger, wackelte langsam mit diesem vor und zurück und sagte: «Freundchen!»

Ich zeigte ihr kurz das intergalaktische Zeichen für «Ich wünsche Ihnen einen guten Tag!» und lief hinaus.

DER PASTOR

Drei Tage später besuchte uns der Pastor.

Ihm war sichtlich unwohl, als er in der Stube Platz nahm. Er sprach mit leiser, aber fester Stimme und sagte, er sei ja bloß der Überbringer der Nachricht und bitte darum, dies nicht persönlich zu nehmen beziehungsweise zu berücksichtigen, dass das, was er gleich anmerken würde – Gott bewahre! –, nicht seine eigene Meinung sei.

Omas Augen verengten sich zu feinen Schlitzen, den Pastor fest im Blick.

Dieser räusperte sich, versuchte ein aufmunterndes Lächeln, welches ein Versuch blieb, und bat Oma dann mit leiser, aber fester Stimme darum, beim Gottesdienst doch nicht immer ganz so laut mitzusingen. Einige aus der Gemeinde hätten sich beschwert.

Omas Nasenflügel bebten. Die Säger-Nase glich einem fetten Schmetterling, der aufgrund seines Gewichts aber nicht von der Stelle kam.

Üttchen und ich sahen uns angsterfüllt an.

Oma richtete sich im Sessel auf, den Blick noch immer starr auf den Pastor gerichtet, und sagte sehr laut: «Was?»

Üttchen und ich zuckten zusammen.

Der Pastor wiederholte sanft, aber mit fester Stimme, dass es schön wäre, wenn sie, also Oma, zukünftig, also ab nächstem Sonntag praktisch schon, bei den Liedern im

Gottesdienst nicht mehr ganz so laut mitsingen würde. Das wäre schön.

Auch wegen der Harmonie.

Wäre das schön.

In der Gemeinde und im Lied.

Oma saß da und sah den Pastor bloß an.

Nichts an ihr regte sich.

Einige Sekunden vergingen, dann sagte sie sehr laut: «Waas??»

Üttchen und ich zuckten zusammen.

Der Pastor schien kurz verwirrt, dann sah man in seinen Augen ein Licht aufgehen. Er sprach nun ebenfalls lauter: «Sie singen ...»

«Jaa???», unterbrach ihn Oma. «Jetzt bin ich aber jespannt!»

Üttchen und ich waren ebenfalls gespannt.

Der Pastor schluckte, dann setzte er wieder an: «Sie singen ...»

«Jaaaa???», unterbrach ihn Oma ein weiteres Mal. Ihre Stirn lag in Falten, eine Augenbraue steil hochgezogen. Der Schmetterling noch immer fest an Ort und Stelle. Kalte Augen voller Zorn sahen tief bis in des Pastors tiefstes Innerstes. Ganz tief.

Dieser lockerte sein Beffchen, schluckte ein weiteres Mal, versuchte erneut ein aufmunterndes Lächeln und sagte dann: «Sie singen sehr schön!»

Omas Gesichtszüge entspannten sich von einem Moment auf den anderen, sie lehnte sich im Sessel zurück und lächelte.

«Schön, ne?»

«Sehr schön!», sagte der Pastor und nickte anerkennend.

Oma nickte ebenfalls.

Üttchen und ich nickten auch.

Dann beugte sich Oma wieder vor, die Stirn erneut in Falten und fragte: «Ich bin doch nicht zu laut, oder?»

Üttchen und ich hielten den Atem an.

«Nein!», der Pastor schüttelte den Kopf.

Üttchen und ich fingen wieder an zu atmen.

«Ich wünschte, alle wären so engagiert bei der Sache wie Sie!», sagte der Pastor nickend. Und lächelnd. Und aufmunternd.

«Sisste!», sagte Oma und lachte ein wenig.

Ha, ha!

Der Pastor lachte ebenfalls und stand dann auch ganz eilig auf und sagte, das wolle er doch mal gesagt haben, das sei ihm ein persönliches Anliegen gewesen, aber jetzt müsse er auch weiter, denn er habe noch einen Termin mit Frau Busemann. Und dann schüttelte er Oma die Hand, und die stand ebenfalls auf und sagte laut, sie würde ihn noch rausbringen, um sicherzugehen, dass er zurück auf den rechten Weg finden würde.

Der Pastor wandte sich zu Üttchen und mir und winkte uns zum Abschied zu. Üttchen winkte zurück und sagte, er solle schöne Grüße an Frau Busemann ausrichten, und ich sagte «Busemann» und machte das intergalaktische Zeichen für «Ich wünsche Ihnen einen guten Tag!».

Der Pastor stieß empört Luft aus, drehte auf dem Absatz um und schoss aus der Stube. Oma eilte hinterher, und ich hörte noch, wie sie im Flur zu ihm sagte: «Ruf ich die Woche nochma an, ne? Und sach Bescheid, was wa füa Lieder singen tun am Sonntach, ne?»

«Da freu ich mich!», sagte der Pastor.

Üttchen sah mich an, machte das intergalaktische Zeichen für «Ich wünsche Ihnen einen guten Tag!» und fragte: «Was meint das denn?»

ALLES INNEN TÖDDA

Schaffste, Üttchen», sagte ich.

Ich war dabei, ihr in regelmäßigen Abständen Mut zuzusprechen, denn sie saß nun schon seit mindestens zehn Minuten mit dem roten Wollknäuel in den Händen da und suchte den Anfang.

«Wo is 'n da der Anfang?», fragte sie.

«Wenn ich *die* Antwort man wüsste», sagte ich.

Ich verzichtete darauf, ihr zu erklären, dass, wenn ich die Antwort darauf gewusst hätte, ich ja wohl kaum *sie* gebeten hätte, sich der Sache anzunehmen.

«Das is ja alles innen Tödda!», sagte sie.

«Ja», sagte ich etwas betrübt. «Völlig vertöddat.»

«Wo is 'n da der Anfang?» Üttchen drehte und drehte das Knäuel und guckte und guckte und zog dann und wann am Faden, um ihn zu lockern, worauf dieser aber auf der gegenüberliegenden Seite an einer anderen Stelle gleich wieder stramm angezogen wurde, woraufhin Üttchen das Knäuel wieder drehte, um es auf ebenjener Seite zu probieren, woraufhin dasselbe erneut geschah. Nur andersrum.

«Was happta damit jemacht?», fragte sie.

Ich erklärte ihr, dass ich im Fernsehen gesehen hatte, wie ein paar Leute in eine Höhle gegangen seien, und damit sie sich nicht verlaufen, hatten sie am Eingang einen Faden angebunden und seien dann mit dem Knäuel hineingegangen und wären nach rechts und links und links und rechts und geradeaus und «inne Biege» gelaufen und hätten sich völlig verfranzt, aber am Ende, als sie wieder rauswollten, weil sie nach Hause mussten, zum Abendbrot oder so, da wären sie einfach wieder dem Faden gefolgt, und dann wären sie wieder draußen gewesen.

«Wo is denn hier ne Höhle?», fragte Üttchen, sichtlich verzweifelt.

Ich erklärte weiter, dass hier natürlich nirgendwo eine Höhle sei, bis auf die, die ich manchmal selbst mit Omas Tagesdecke zwischen zwei Sesseln bauen würde, aber mich hätte der Bericht aus dem Fernsehen zum Nachdenken gebracht und …

«Das sosste doch nich! Hatt Omma jesacht!» Üttchen wurde etwas lauter. «Wo is denn hier der Anfang?»

Ich zuckte bloß mit den Schultern. Auf jeden Fall, so versuchte ich es weiter, sei es ja auch möglich, den Vorgang umzukehren. Man könnte mit dem Faden ja nicht bloß seinen eigenen Weg *zurück*verfolgen, sondern auch den Weg, den andere machten, *überhaupt* verfolgen.

«Alles innen Tödda!» Ein kleines Rinnsal ran unter ihrer Perücke hervor und bahnte sich den Weg durch ihr Gesicht.

«Na? Schwitzte?»

«Was happta damit jemacht?»

Ja … also … erklärte ich weiter, ich wollte natürlich meine These einem praktischen Test unterziehen, und so sei ich natürlich erst einmal auf die Suche nach einem geeigneten Faden gegangen. Und in Omas Strickkorb sei ich dann auch fündig geworden. Und da ich ja nicht gewusst habe, wie weit der Weg werden würde, den ich verfolgen würde – denn hätte ich es gewusst, wäre mir der Weg ja bekannt gewesen, und ich hätte ihn wohl kaum per Faden verfolgen müssen –, nahm ich halt das dickste Wollknäuel, das ich finden konnte, denn ich hatte mir ja *ausgedacht* …

«Das sosste doch nich! Hatt Omma jesacht! Wo is denn hier der Anfang? Das is ja alles innen Tödda!» Üttchen schien irgendwie sehr nervös. Das rote Knäuel drehte sich schneller und schneller zwischen ihren Fingern. Aus dem kleinen Rinnsal war ein kleines Bächlein geworden.

«Ich glaub, das is Schwitze.»

«Was happta damit jemacht??»

«Ja, das wollte ich ja grad erzählen!»

«Ja, denn man jöh!» Üttchen war mittlerweile sehr laut geworden. Irgendetwas schien sie sehr zu stressen.

Ich erklärte ihr, dass ja so eine Vermessung des Weges beziehungsweise eine Verfolgung von Strecke ja auch immer was mit der Distanz zwischen A und B zu tun hat und dass man also am besten, denn so würden das die Vermessungsfreunde von der Stadt ja auch machen, immer zu zweit sein sollte, denn man konnte ja schlecht A und B gleichzeitig sein, also brauchte man ein B, und ich hätte dann daraufhin meine Großcousine gefragt, ob sie denn nicht B sein wollte, und das wollte sie nicht, aber ich hätte ihr dann das Pflaster vom Auge gerissen, und daraufhin hätte sie «Ah!» gesagt, und dann hätte ich zu ihr gesagt, wer A sagt, muss auch B sagen, und das hätte sie dann auch gleich eingesehen, sogar beidäugig. Denn ich hätte ja die Idee gehabt …

«Das sollste doch nich! Hatt Tödda jesacht! Wo is denn hier die Omma? Das is ja alles innen Anfang!»

Ich hatte schon davon gehört, dass Objekt und Besitzer

oft eine seltsame Symbiose eingingen, kannte es bisher aber hauptsächlich von Hund und Halter. Oder Didi und Mofa. Oder Onkel Gustav und Hamburch. Oder Onkel Günther und Krücke. Ich hatte aber noch nie von einem *Wollknäuel* gehört, das von seiner Besitzerin Besitz ergriffen hatte. Ein durchaus interessantes Schauspiel. Ich lehnte mich im Sessel zurück und ließ es auf mich wirken.

«Hatt Anfang ja jesacht! Das sosste alles in Omma! Wo is den hier der Tödda?» Üttchens Gesicht sah farblich aus wie das Knäuel. Sie war sichtlich in Brass. «Ich werd rammdösich! Nimm das wech!», schrie sie.

Ich nahm es ihr aus der Hand.

Üttchen pustete aus dem Mund und tupfte sich mit einem Taschentuch den Fluss aus dem Gesicht. Nachdem sie sich etwas beruhigt hatte, fragte sie: «Warum soll *ich* das eigentlich machen?»

Ich sagte ihr, dass Oma nicht wisse, was ihrem Wollknäuel widerfahren sei beziehungsweise dass es überhaupt den Korb verlassen habe und ich persönlich starkes Interesse daran hätte, dass das so bleiben würde, und da sie, Üttchen, ja die kleinsten Hände habe, hatte ich gedacht, sie helfe mir.

Üttchen seufzte und sagte, da fiele ihr doch plötzlich ein, dass Tante Emma noch kleinere Hände habe. Ganz bestimmt. Zu der solle ich doch jetzt mal rübergehen. Die hätte auch bessere Nerven.

Ach so.

Na gut.

Ich hielt das Wollknäuel in die Höhe und fragte: «Willste gar nicht wissen, was wa damit jemacht haben?»

«Ne!», sagte Üttchen eilig. «Cheh!»

TANTE EMMA

Ich ging über die schön sauberen Waschbetonplatten durch Omas Gemüsegarten rüber zu Tante Emma. Auf beiden Seiten neben mir hingen große weiße Bettlaken mit bunten Klammern an grünen Wäscheleinen, welche an Betonpfeilern befestigt waren. Es war warm, und die Sonne schien, und ein leichter Wind ließ die Lakenenden ein wenig nach mir schnappen. Hinter ihnen, auch wenn ich es gerade nicht sehen konnte, waren auf der einen Seite Blumen über Blumen. Denn Oma liebte Blumen. Sie wollte, dass sie es gut hatten. Die Tulpenzwiebeln zum Beispiel holte sie über den Winter ins Haus, damit ihnen nicht so kalt war. Sie steckten in einer Kiste voll Sand im Keller. Und jedes Jahr im Frühling pflanzte sie sie neu ein. Auf der anderen Seite waren Brechbohnen, Erbsen, Kartoffeln, Gurken und Kürbisse. Genau in der Abfolge. Am Ende mehrere Reihen Erdbeeren. Ihnen gegenüber, auf der «Blumenseite», ein kleines Rhabarberbeet und dahinter die Stachelbeerbüsche. Daneben das Tor zu Tante Emma.

Biggi und Banda bissen ins rote Wollknäuel, ich ging um das Haus herum in den Hof. Tante Emma saß in ihrem Stuhl, auf dem Schoß eine große hellblaue Plastikschüssel, neben sich auf dem Boden eine große hellgelbe Plastikschüssel. In der oberen viele grüne Kugeln, in der unteren viele grüne Schoten.

«Na, was machste?», fragte ich.

Sie sah auf. «Och, Marco! Ich hab chrade die Erbsen ausjekrüllt.»

Tante Emma hatte viele Jahre einen Laden. Direkt vorne in ihrem Haus. Dort konnte man alles kaufen, was man brauchte. Was sie nicht hatte, brauchte man auch nicht, hatte Oma gesagt.

Nachdem sie aber in Rente gegangen war, war auch der Laden verschwunden. Zumindest von außen nicht mehr sichtbar. Denn «verschwunden» war er nicht. Er war bloß umgezogen. In den Keller. Dort unten standen nun all die Sachen, die man brauchte. In hohen Regalen und halbhohen Regalen und auf Tischen. Es gab eine Waage mit Gewichten. Die hatten alle die gleiche Form, wurden aber immer kleiner und kleiner, bis sie richtig niedlich waren. Sie sahen aus wie eine Familie. Ich hatte überlegt, wenn das unsere Familie wäre, welches ich dann wohl sei, und kam zu dem Schluss, dass ich unbedingt noch zu den kleinen, niedlichen zählte. Auch befanden sich in Tante Emmas Keller viele große Glasbehälter und darin verschiedenste Arten von ganz *bestimmten* Sachen, die man brauchte. Nämlich Süßigkeiten. Somit war ein Besuch bei Tante Emma immer ein lohnender.

«Was haste da denn?» Tante Emma zeigte auf das Knäuel in meinen Händen.

«Ach, das is total in Tödda, und Üttchen krichts nich ausnander.»

«Zeich ma her!»

Tante Emma hatte mir «Fischmündchen» beigebracht. Man öffnete bei geschlossenem Mund den Kiefer und drückte dann die noch im Mundraum befindliche Luft weg, sodass dort ein Vakuum entstand, wodurch die Wangen zwischen den Zähnen hindurch nach innen gezogen wurden. War dies passiert, hatte man ein «Fischmündchen». Die Lippen sahen aus wie eine Acht. Bewegte man diese nun, sah das äußerst lustig aus, und ab und an strömte auch etwas Luft durch sie hindurch ins Vakuum und machte dabei ganz niedliche Geräusche, wie kleine Fürze. Tante Emma und ich machten «Fischmündchen» gern abwechselnd und lachten dann immer ganz herrlich über den jeweils anderen.

Ich fand es toll, dass ich etwas konnte, was Tante Creme dank ihrer Zähne wahrscheinlich nicht mal mit einer Vakuumpumpe hinbekommen hätte.

Nachdem wir das allerdings mehrmals hintereinander gemacht hatten, fühlten sich die Wangeninnenseiten immer ein wenig rau an. Tante Emma sagte, da würde Kandis ganz wunderbar helfen. Auch damit man wieder zu Lülle kam.

Sie hatte hellen und dunklen Kandis, unten im Küchenschrank, hielt stets beide Dosen offen hin und hatte eine unendliche Geduld, bis ich mich für das ein oder das andere entschieden hatte. *Hatte* ich mich dann entschieden, nahm sie einen von der gleichen Sorte und stellte die Dosen zurück in den Schrank.

Oma hatte einmal gefragt: «Hasste den Jungen wieda Zucker jejeben? Das sosste nich! Der is schon so komisch jenuch!»

Und Tante Emma hatte gesagt, nein, das hätte sie nicht.

Und ich hatte gar nichts gesagt.

Als ich irgendwann danach mal wieder bei ihr zu Besuch war, fragte ich sie, warum sie denn gelogen habe. Aber Tante Emma sagte, das sei nicht gelogen gewesen, denn Oma hätte ja gefragt, ob sie mir Zucker *gegeben* hätte, aber das hätte sie ja nicht, sie hätte ja lediglich die Dosen hingehalten, und ich hätte mir den Zucker *genommen.* Und dann hat sie ein Auge zugekniffen und ein «Fischmündchen» gemacht. Und dann hat sie gesagt, ich müsse immer sehr genau hinhören, dann könne ich auch immer sehr genau antworten. Und ich habe ihr versprochen das zu beherzigen. Und das habe ich auch. (Ich kneife grad ein Auge zu und mache ein «Fischmündchen».)

«Guck! Da is der Anfang!» Sie hatte das Knäuel besiegt und fing an zu friemeln. «Dann wolln wa das ma enttöddan, ne?»

Tante Emma war Omas Schwägerin. Die Schwester ihres ersten Mannes, der dort immer noch irgendwo in Südfrankreich stand. Mit allerlei Allerlei.

«Wie happta das denn hinjekricht?», wollte sie wissen.

Und ich erzählte ihr die Geschichte und wie wir dann den Test machen wollten und vorm Jägerzaun standen und wie ich dann meiner Großcousine das eine Ende an den Hosenbund gebunden hätte, weil sie ja B war, und wie wir dann gewartet hätten und wie lang das gedauert hätte, aber wir hätten durchgehalten, denn wir wollten ja unbedingt wissen, wo der «nach uns» hinfuhr.

«Und dann?», wollte Tante Emma wissen.

«Dann kam der Milchwagen endlich, und ich hab das andere Ende hinten an seine Anhängerkupplung gebunden.»

«Und wo issa dann hinjefahren?»

«Nach Hause», sagte ich. «Grüner Sand. In Schötmar.»

«Aber so lang war der Faden gar nich», stellte Tante Emma fest.

«Nee», sagte ich. «Und stabiler als gedacht.»

Meine Großcousine sei dann nach einer Weile sehr flott die Lockhauser Straße hinabgelaufen, eigentlich mehr gestolpert, und ich sei hinterher, und unten am Zubringer hätte ich auch ein Pflaster mit einem schwarzen Punkt darauf gefunden und gewusst, ich war auf dem richtigen Weg, und irgendwann hätte ich dann auch das eine Ende des Fadens gefunden, mit einem Stück Jeanshose daran, und hätte den dann verfolgt und wäre im Grünen Sand gelandet und hätte endlich mal gesehen, wo der Gerd wohnt. Der Milchwagenfahrer.

Was denn mit meiner Großcousine sei, wollte Tante Emma wissen.

Die habe ich noch nicht gefunden, sagte ich, ich wollte als Erstes sichergehen, dass das Knäuel wieder in ordnungsgemäßem Zustand den Weg zurück in Omas Korb fand.

«Chut», sagte Tante Emma. «Hier isses!»

Ich bedankte mich und sagte, ich würde für «Fischmündchen» und Kandis noch mal reinschauen, aber heute habe ich es etwas eilig, und lief zurück.

Just in dem Moment, als ich das Wollknäuel wieder neben seine Verwandten gelegt hatte, kam Oma in die Stube. Meine Großcousine sei eben völlig verschrammt und vermackelt und heulend und alle Klotten klotten und ohne ihr Augenpflaster nach Hause gekommen. Und sie hätte irgendwas von B und von mir gefaselt und dass ich sie an den Milchwagen gebunden hätte. Ob ich irgendwas davon wisse, wollte Oma wissen.

Ich überlegte einen Moment lang (mit Fingern am Kinn

und Blick nach oben) und sagte dann, das letzte Mal, dass ich sie gesehen hätte, wäre draußen am Jägerzaun gewesen.

«Alles klar», sagte Oma und winkte ab.

Ich hatte nicht gelogen.

LOHNT NICH MEA

Das lohnt nich mea!», sagte Oma, als Papa ihr vorschlug, er könne doch mit der Tapete, die er noch über habe, auch *ihren* Flur tapezieren.

«Würd aber noch reichen», sagte Papa.

«Lohnt aber nich mea», sagte Oma.

Papa zuckte nur mit den Schultern und entschwand, ich allerdings fragte Oma, warum sich das denn nicht mehr lohnen würde, und sie erwiderte, sie sei ja schon alt, das wisse ich ja, und wenn man alt sei, dann würde man ja irgendwann sterben.

Gut, manchmal auch, wenn man jung sei, aber das sei nicht «der natürliche Chang».

Auf jeden Fall würde sich in ihrem Fall eine neue Tapete nicht mehr lohnen.

Ja, aber warum denn nicht?

Ja, da sie ja schon alt sei, könne sie die Tapete ja dann nicht mehr so lange angucken. Also würde sich das nicht lohnen, die überhaupt noch anzukleben. Die Tapete, die jetzt da hängen würde allerdings, die hätte sich *richtig* gelohnt. Die schaute sie nun schon fast vierzig Jahre an, das hätte sich ja wohl mal gelohnt.

Dass da überhaupt noch Farbe drauf sei! Die müsste sie eigentlich schon «weggeguckt» haben, so oft wie sie da draufgeguckt habe.

«Die hat sich ja wo ma richtich jelohnt», sagte Oma. «Aber ne neue, das lohnt nich mea.»

Ich wurde sehr traurig und sagte, dass ich aber nicht wolle, dass sie irgendwann stürbe.

«Apropos Wolle», sagte Oma. Ob ich wisse, was mit ihrem roten Knäuel passiert sei, das sei so komisch aufgewickelt.

Ähm …

Sie solle jetzt nicht vom Thema ablenken, sagte ich ihr. Ich sei traurig!

Oma nahm mich auf den Schoß, drückte mich an ihren großen Busen und sagte, das müsse ich nicht. Jeder würde irgendwann sterben, das sei der «natürliche Chang», und wenn wir jeden Tag darüber nachdenken würden, dass das ja eines Tages passieren würde, und dann deswegen traurig seien, dann wären wir ja jeden Tag traurig. Das wäre ja traurig. Das sei so, wie wenn ein schöner Tag sei, mit «richtich Wetta» und Sonne und allem Drum und Dran, und ich würde den ganzen Tag dasitzen und heulen, weil für morgen Regen mit Gewitter angesagt wäre. Das sei ja wohl nicht schlau. Oder?

«Ne», sagte ich überlegend. «Dann würd ich lieber rausgehen spielen.»

«Sisste!», sagte Oma. Das sei schlau. Heulen könnte ich ja noch am nächsten Tag, wenn der Regen mit Gewitter da sei.

Na gut.

«Apropos Sterben», sagte Oma, setzte mich auf den Boden und ging in den Flur, an der lohnenden Tapete vorbei, zur Garderobe. Sie müsse sich jetzt fertig machen, denn sie müsse heute noch in die Steinheide zu Onkel Willi. Da wäre heute wieder «Terminchen mit Körnchen».

Onkel Willi war Omas Bruder. Er betrieb einen großen Bauernhof mit süßen Kälbchen und niedlichen Schweinchen.

Was denn «Terminchen mit Körnchen» sei, wollte ich wissen, und Oma sagte, da würde heut geschlachtet. Und da tränke man immer einen Kurzen bei. Das gehöre sich so.

Ach so.

Ich war noch immer ein bisschen traurig und fragte Oma, ob die Kälbchen und Schweinchen denn wüssten, dass für heute Regen mit Gewitter angesagt sei.

Oma erwiderte, nein, aber das sei ja das Gute, denn die würden jetzt grad ja noch schön «inna Sonne» spielen und «rumhüpkern» und sich freuen und glücklich sein, und Regen mit Gewitter käme dann «chanz plötzlich, soll ja 'ne Überraschung sein», und dann würde es bumm machen, wie bei jedem Gewitter am Anfang, und dann «sind die nicht mea», aber dann könnten sie auch nicht mehr traurig sein. Und rumheulen. Besser ginge nicht. Eigentlich, so Oma weiter, sollte man sein Leben genauso leben wie ein Schwein. Bloß nicht so unhygienisch.

Ach so.

Oma setzte ihren Helm auf und band sich ein Tuch um den Hals.

Ich stand neben ihr und starrte auf die lohnende Tapete.

«Überlechste wieda?», fragte Oma.

«Ja», sagte ich.

«Sosste doch nich!»

Ich sagte zu ihr, dass ich gerade versuchen würde, mich

an die Tage mit Regen und Gewitter zu erinnern, aber mir würden nur die mit Sonne einfallen.

Und Oma sagte, genau so solle es sein.

Ich sagte, dass ich ein bisschen Angst hätte, dass ich mich, wenn sie irgendwann gestorben sei, auch nicht mehr an *sie* erinnern würde.

Oma lächelte und sagte, das würde ganz sicher nicht passieren. Und kniff ein Auge zu und machte ein «Fischmündchen».

Ich war erstaunt. «Du kannst das auch?»

Oma lächelte noch etwas breiter und sagte: «Was glaubste, wer Emma das beijebracht hat?»

SCHMECKT SCHÖN

Immer, wenn ich sehr angestrengt über etwas nachdachte – wie zum Beispiel über die Idee, den Konjunktiv doch auch in der Mathematik einzuführen, damit Antworten wie «Das Ergebnis hätte auch 11 sein können» einem zumindest Achtungserfolge bescheren würden –, blickten meine Augen schräg nach oben, völlig außer Funktion, und mein Mund stand sperrangelweit offen, und meine Zunge massierte in kreisförmigen Bewegungen die Innenseite meiner rechten Wange.

Oder der linken.

Wenn Oma dieses sah, sagte sie: «Zieh nich so 'n Jesicht, dann bleibt das so stehen!»

Oder immer, wenn ich in Omas Stube saß und aus dem Fenster sah und draußen der fiese Hennes vorbeiging und mich entdeckte und mir dann reflexartig seine Zunge entgegenstreckte, wollte ich dem natürlich eins entgegensetzen, um nicht zu sagen, noch eins draufsetzen, und zog mit beiden Zeigefingern meine Wangen auseinander, streckte ebenfalls meine Zunge heraus und schielte wild mit den Augen.

Und immer wenn Oma dieses dann zufällig mitbekam, sagte sie: «Zieh nich so 'n Jesicht, dann bleibt das so stehen!»

Oder immer, wenn Essen auf den Tisch gestellt wurde und ich in einer der Schüsseln Blumen- oder Rosenkohl entdeckte und die kleine Giraffe am Boden meines Tellers schon leise lachen hörte, verzogen sich meine Mundwinkel abnorm stark nach unten, und meine Zunge erstreckte sich in weitem Bogen in gleiche Richtung.

Und immer, wenn Oma dies mitbekam, sagte sie: «Zieh nicht so 'n Jesicht, dann bleibt das so stehen!»

An irgendeinem Sonntagnachmittag hatte Oma mal wieder zum Kaffee geladen. Den Anlass weiß ich nicht mehr, aber Oma hatte die gute Tischdecke aufgelegt und war gut aufgelegt, denn den Morgen über hatte sie einen Apfelkuchen gebacken, und Apfelkuchen sei das Beste überhaupt, denn er mache schönen Duft und kaum Arbeit und schmecke sehr, sehr lecker, vor allem mit den leckeren Äpfeln aus dem Sommer einundsechzig, denn das sei ein ganz wunderbarer Sommer gewesen, und wie wunderbar der gewesen sei, das schmecke man am Geschmack von ebendiesen Äpfeln. Und außerdem hätten die jetzt auch mal weggemusst, denn die würden ja nicht besser.

Ach so.

Der Tisch war voll besetzt, alle waren anwesend. Onkel Friedlich, Tante Creme, mein Großcousin, meine Großcousine, Didi, Oma, Üttchen, Papa, Mama und ich. Mein Bruder war noch ein Baby und lag irgendwo rum wie faules Obst.

Tante Creme war selbstverständlich wie immer als Letzte gekommen, hatte wieder alle mit Handschlag begrüßt, und während der Kaffee eingeschenkt wurde, versuchte die geschlossene Tafel, außer natürlich Tante Creme selbst, ihre Hände heimlich an Omas feinem Linnen durch Reibung zu entfetten.

Wegen der Gefährlichkeit in Verbindung mit Kuchengabeln.

Selbst Oma selbst.

Als es nun dazu kam, dass die ersten Stücke des Apfelkuchens per Kuchengabeln – manch am Leinen Erfolglose hielten diese beidhändig – in diversen Mündern verschwanden, verstummten naturgemäß alle Gespräche – aber (!) so blieb es auch!

Es war totenstill, und alle kauten plötzlich sehr konzentriert.

Ich selbst fühlte ein leichtes Prickeln auf der Zunge, was eigentlich genau dasselbe Gefühl war, wie wenn man sich eine dieser zweifarbigen Tabletten auf die Zunge legte, die Oma nachts immer in den Becher mit dem schönen blauen Muster drumherum neben ihre Zähne legte. Es fühlte sich irgendwie lustig an. Ich entschied, dass es außerdem irgendwie ein bisschen wie Sinalco schmeckte. Und die mochte ich ja. Also aß ich weiter.

Mama war plötzlich aufgestanden, denn irgendwas war mit Baby-Bruder plötzlich nicht in Ordnung. Ganz plötzlich.

Papa hatte die Kuchengabel bereits wieder neben den Teller gelegt und so was wie «Macht ganz schön satt» gemurmelt.

Oma war mit ihrem Stück bereits fertig und sagte zu Papa: «Isste wieda nich auf, was?», langte über den Tisch und griff sich per Kuchengabel sein Stück Apfelkuchen. «Wissen wa ja, wo der Junge das her hat, ne?»

Didi sprang auf, behauptete, es sei sehr lecker gewesen, aber er müsse jetzt tanken fahren, und verschwand so schnell, wie er gekommen war.

Meine Großcousine neben ihm hatte plötzlich zwei Stücke auf ihrem Teller, sah Didi mit einem Auge hinterher, sagte aber nichts.

Onkel Friedlich, mein Großcousin und Üttchen kauten zwar gewissenhaft, aßen jedoch weiter.

Bloß Tante Creme konnte es nicht lassen.

«Da stimmt doch was mit nich», sagte sie. Ihre Stirn lag in zweifelhaften Falten, ihr Mund aber grinste.

Oma sah auf, schluckte flugs runter, was grad noch oben war, und sagte: «Was?»

«Mit dem Kuchen», sagte Tante Creme, «da stimmt doch was mit nich.»

«Was soll damit denn nich stimmen?», fragte Oma.

«Ja, das weiß ich doch nich, aber da stimmt doch was mit nich.»

Oma drehte den Kopf zu Üttchen und fragte: «Was is mit den Kuchen?»

Und Üttchen sagte, den Mund noch halb voll: «Schmeckt schön!»

«Schmeckt schön, ne?», sagte Oma.

Und Üttchen nickte. «Schmeckt schön!» Und wie zur Bestätigung schob sie sich eine weitere Gabelladung in den Mund.

Oma wandte sich wieder zu Tante Creme und sagte: «Sisste! Schmeckt schön!»

Doch Tante Creme gab nicht auf: «Da stimmt doch was mit nich! Was haste denn da reinjetan?»

«Was haste denn da reinjetan? Was haste denn da reinjetan? Womöglich auch noch Lebertran!», sagte Oma und lachte ein bisschen.

Ich lachte auch ein bisschen. Papa ebenfalls.

Onkel Friedlich und mein Großcousin lachten nicht und kauten stur weiter. Meine Großcousine sah mit einem Auge auf zwei Stück Kuchen und war stumm am Auszählen, welches sie nun essen sollte. Man erkannte es daran, dass ihre Kuchengabel abwechselnd auf das eine, dann auf das andere Kuchenstück zeigte.

Tante Creme grinste ihr vordergründiges Grinsen, ihre Augen jedoch erzählten von einer gänzlich anderen Emotion. Der beharrend böse Einwurf erfolgte auf dem Fuße: «Da is was mit nich in Ochtnung. Da haste doch wieda irjendwas ausn Keller jekricht!»

«Musste ja nich essen!», sagte Oma, sah auf ihren Teller und aß weiter.

«Nee, muss ich auch nich», sagt Tante Creme und schob den Teller ein Stück Richtung Tischmitte, tupfte sich mit der Serviette die Tapete ab, legte diese zurück auf den Schoß und rieb ihre Hände ineinander.

Es machte kleine, flutschige Geräusche. Sie musste noch immer Creme darin haben. Faszinierend! Kleine Notportionen, versteckt in den Lebenslinien und Daseinsfalten. Oder unter den Fingernägeln.

Ich fand das total unfair.

Da hatte Oma den ganzen Morgen in der Küche gestanden und mit Liebe und Butter und guten Gedanken an den Sommer einundsechzig diesen wunderbaren Apfelkuchen gebacken, und dann kam Schwiegertochter Fettgriffel und machte alles zur Nichte!

Dat Aas!

Die olle Schrappnelle!

Das war ja wohl mal an der Zeit für eine saftige Abreibung!

Ich stand auf, machte mich gerade, schlug die Hacken zusammen und sagte, dass sie damals immer «so 'n Jesicht jezogen» und nicht damit aufgehört hätte und dass das ja dann wohl ganz klar so stehengeblieben sei, das könne ja wohl heute jeder sehen!

Und fügte nickend hinzu, wenn man das sehe, würde ja *auch* jeder denken, da sei ja wohl was nicht mit in Ordnung. Und das sei ja wohl auch sehr, sehr offensichtlich, dass da was nicht mit in Ordnung sei, aber hätte sie uns (ich machte eine ausschweifende Handbewegung die ganze Tafel einbeziehend), die wir alle dasselbe denken, schon einmal darüber laut nachdenken hören?? (Ich schob ein, dass es sich in diesem Fall um eine rein rhetorische Frage handeln würde, sie brauche sie nicht zu beantworten, das würde ich jetzt tun.)

Nein!

Denn wir hätten, so fuhr ich fort, nämlich Anstand und Würde! Obwohl uns das zeitweise, nein, eigentlich immer, wenn wir sie angeguckt hätten, sehr, sehr schwergefallen sei. Und bis heute anhält. Das könne sie sich ja wohl vorstellen. Spätestens wenn sie morgens in den Spiegel sehen würde. Aber wir stünden auf dem Pfad der Tugend. Nämlich direkt neben Oma. Da solle sie jetzt mal drüber nachdenken. Die Zeit solle sie sich ruhig mal nehmen.

Ich setzte mich wieder hin und verschränkte die Arme vorm Oberkörper.

Wenn ich irgendetwas hasste, dann waren das Dummheit und Ungerechtigkeit. (Übrigens auch eine Eigenschaft, die mir bis heute zu eigen ist.) Und die beiden gingen hier ganz klar Hand in Hand.

Keiner sagte etwas.

Es machte flapp.

Meine Großcousine hatte die Augen so weit aufgerissen, dass ihr das Pflaster mit dem schwarzen Punkt aus dem Gesicht gefallen war. Es lag auf einem der beiden Kuchenstücke.

Ihr Vater und ihr Bruder hatten ähnlich große Augen, kauten aber immer noch. Wahrscheinlich vor Schock.

Mama musste plötzlich ganz plötzlich und dringend mit meinem Bruder ins Bad.

Papa nahm seine Kuchengabel auf und schob damit sein angefangenes Stück sehr langsam von der rechten auf die linke Seite seines Tellers (es könnte auch andersrum gewesen sein) und beobachtete es während dieses Vorgangs sehr genau.

Oma hatte vor Schreck zur Kanne gegriffen und fragte: «Will noch eina Kaffee?»

Ich sah Tante Creme ins Gesicht und nickte bedächtig. Die schlecht verklebte Tapete grinste wie üblich und täuschte damit eine gute Miene vor, aber in ihren Augen sah ich das böse Spiel. Sie sah Papa an und fragte: «Sachst du dazu was, oder soll ich?»

Doch bevor Papa Luft holen konnte, war ich bereits wieder aufgestanden.

Ach, so liefe der Hase, merkte ich an!

Der Vater solle also für etwas die Verantwortung übernehmen, was der Sohn getan habe. Nun denn, nun denn, sagte ich und machte erneut eine ausschweifende Armbewegung, diesmal, um Zeit zu schinden und gleichzeitig etwas Spannung aufzubauen.

Das sei ja Sippenhaft!

Das also sei ihre Vorstellung von Erziehung, warf ich ihr entgegen. Ein jedes Elternteil hätte also in ihren Augen Schuld an den Verwerfungen des Nachwuchses. Wäre dafür verantwortlich. So, so, sagte ich und machte die gleiche ausschweifende Armbewegung, um Zeit zu schinden und gleichzeitig etwas Spannung aufzubauen. Nun, fuhr ich fort, ich wolle ja nicht zu viel verraten, aber (!) ich glaubte, ich hätte da heute Morgen Kacka am Jägerzaun entdeckt!

Tante Creme sprang auf, packte meine Großcousine am Arm und zog sie hinter sich her nach oben. Ihr Pflaster mit dem schwarzen Punkt lag noch immer auf einem der beiden Kuchenstücke.

Ich rief ihr hinterher: «Was sollen bloß die Nachbarn denken??»

Onkel Friedlich und mein Großcousin kauten stoisch weiter.

Ich setzte mich wieder hin.

Papa hatte Pipi in den Augen, stand auf und sagte, er müsse jetzt dringend mal nach Mama sehen.

Oma hielt die Kanne noch immer in der Hand und wiederholte den Satz, den sie eben bereits schon einmal gesagt hatte: «Will noch eina Kaffee?»

Üttchen sagte: «Ich. Schmeckt schön!»

MUSIG

Manches Mal, wenn mich Oma abends zu Bett brachte, bat ich sie, mir doch zur guten Nacht noch eine Geschichte von früher zu erzählen.

Dann fragte sie immer, um was es denn gehen solle.

Und einmal sagte ich: «Musig!»

(Aussprachehinweis: Unbedingt mit kurzem «U» und weichem «S» sprechen und das «G» ebenfalls mitsprechen!)

Andere teilen Musik in U-Musik und E-Musik ein, Oma hatte ihre eigene Einteilung. Es gab «schöne Musig» und «Quatsch!». Dazwischen gab es nichts.

«Ja …», überlegte Oma. «Du weißt ja, dass deine Omma Musig jemacht hat, ne?»

«Ja», sagte ich, «die spielte Quetschkommode, ne?»

«Jau», sagte Oma. «Die konnte das …» Oma nickte anerkennend. «Aber sonst kann hier keiner was. Da sin die alle zu dösich für. Aber Tante Emma, die hat früher schöne Musig auffe Ketarre jemacht!»

«Ach?»

«Jau!»

«Hattse die Ketarre noch?»

«Die eine hattse noch, die andere hammwa ma …» Oma stockte. «Ach! Das könntich dich erzählen. Die Geschichte von ’n kleinen Tommy!»

«Jaa!»

Hauptsache, sie erzählte irgendwas. Denn je länger sie sprach, desto länger konnte ich aufbleiben.

Es muss wohl achtundfünfzig gewesen sein. Irgendwann vor Weihnachten, erinnerte sich Oma. In der Steinheide hatte Onkel Willi ein letztes Mal für dieses Jahr geschlachtet, und als Oma ihre Portion abholte, fragte er sie, ob sie dies Jahr noch in Werther vorbeikäme. Bei Tante Wanda, ihrer Cousine. Dann würde er ihr was von der Sau mitgeben. Für das anstehende Fest.

Jau, habe Oma gesagt, da könne sie sowieso mal wieder nach dem Rechten sehen.

Tante Wanda war immer schon ein bisschen wilder als der Rest gewesen, wusste Oma zu berichten. Die sei sogar im Ausland gewesen. «Oh-Peer-Mädchen» habe sie da gemacht. Und bevor ich fragen konnte, was das war, erklärte Oma, das sei auf Kinder aufpassen, die sich nicht allein beschäftigen könnten.

Für mich würden wir also schon mal kein «Oh-Peer-Mädchen» brauchen. Ich hätte ja Fidi und Bumsi, die auf mich aufpassen täten.

«Biggi und Banda», korrigierte ich sie.

«Siggi und Fanta, jenau», sagte Oma.

Auf jeden Fall sei Tante Wanda jetzt auf den Pfad der Tugend zurückgekehrt, hätte geheiratet und wohne in Werther.

Worauf ich einwandte, dass sie dann ja wohl kaum auf den Pfad der Tugend zurückgekehrt gekommen gewesen sein könne, denn der sei ja da, wo Oma stünde, und nicht in Werther.

Oma erwiderte, Werther sei auf jeden Fall schon mal näher als London – wo Tante Wanda gewesen war –, und das sei schon mal besser als nichts.

Oma habe also im kalten Winter achtundfünfzig eine halbe Sau im Bus nach Werther gekarrt zu Tante Wanda. Das Wetter habe ihr dabei in die Hände gespielt, denn so war die Sau frisch und lecker geblieben. Ihr selbst wäre allerdings wegen der Busfahrt schlecht geworden. Aber sie hätte ja ihre Tüte dabeigehabt.

Tante Wanda wäre aber nicht allein gewesen (ihr Mann war auf Arbeit), sondern eines ihrer «Oh-Peer»-Kinder wäre auch da gewesen. Die Eltern hätten dringend zu irgendwelchen wissenschaftlichen Arbeiten nach New York gemusst und deshalb Tante Wanda gefragt, ob sie den Jungen nicht über Weihnachten zu sich nehmen könne. Und das habe sie bejaht. Tanta Wanda habe sie dann dem Jungen vorgestellt, und der Junge habe Oma auch brav die Hand gegeben und sich leicht verbeugt, gesagt habe er aber nichts, erzählte Oma. Er spräche nur Englisch, habe Tante Wanda erklärt, deshalb würde er bloß selten was sagen.

Ach so.

Um das Eis zu brechen, habe Oma dann aber das Eis gebrochen. «Na? Bisse ’n kleinen Tommy, ne?»

Der Junge habe leicht den Kopf geschüttelt und gesagt: «David.»

«Jau», habe Oma gesagt, «aber ’n kleinen Tommy, ne?»

Der Junge habe wieder den Kopf geschüttelt und gesagt: «David.»

Oma sei dann etwas lauter geworden, denn der Junge wollte sie wohl nicht richtig verstehen: «Ja, das weiß ich ja, aber trotzdem bisse ’n kleinen Tommy!»

Daraufhin habe der Junge bedröppelt nach unten gesehen und bloß noch gemurmelt: «Tommy …»

Und Oma habe gesagt: «Sisste! Warum nich gleich so.»

Oma habe Tante Wanda dann gefragt, ob er schon in der Pubertät sei, aber die habe geantwortet, er sei zwar schon dreizehn, aber sie glaube nicht, denn er habe sich zu Weihnachten eine Gitarre gewünscht. Da sei also noch nichts mit Mädchen.

«'ne Ketarre!», habe Oma gesagt und sich wieder Tommy zugewandt: «Wisste schöne Musig machen, ne?»

Der Junge habe weiterhin nach unten geschaut und gesagt: «Tommy.»

Und Oma habe gesagt: «Jau, das wissen wa jez! Musig, mein ich! Schöne Musig! Ne?»

Und dann habe der Junge sie angesehen und plötzlich ganz glücklich ausgesehen und breit gelächelt und gesagt: «Music! Yes!»

Und Oma habe gesagt: «Musig! Sach ich doch!»

Tante Wanda habe dann erklärt, dass seine Eltern nicht übermäßig viel Geld dagelassen hätten und sie selbst auch nicht über das meiste verfügen täten und dass das mit dem Gitarrenwunsch deshalb wohl noch ein Jahr warten müsse, aber dass er das noch nicht wisse und darum immer noch so fröhlich wäre.

«Ach so», habe Oma gesagt.

Der Bube sei nun wie aufgetaut gewesen und habe einige Dinge gesagt, die Oma aber nicht verstanden habe, weil es ja Englisch war, und Tante Wanda habe ihr dann übersetzt, dass er gefragt habe, wo sie denn wohne.

«Aspe», habe Oma geantwortet.

«Oh, Aspen!», habe der Junge ausgerufen. «I know that! Rocky Mountains!»

«Rocky Mountains, Rocky Mountains! – Weserbergland!», habe Oma zurückgerufen, und alle drei hätten sie gelacht.

Tante Wanda habe dann gefragt, ob sie die beiden denn einen Moment allein lassen könne, da sie im Keller noch die Wäsche aufhängen müsse. Na klar, habe Oma gesagt, mit den Tommys sei sie immer gut klargekommen.

Dann sei Tante Wanda abgezogen, und David habe auf die beiden Tüten gedeutet, die Oma mitgebracht hatte, und wohl gefragt, was da drin sei.

«Sau», habe Oma geantwortet. «Schwein. Lecker, lecker! – In der gelblich-grünlichen is Galle. Das is bah!»

Doch der Junge habe bloß mit den Achseln gezuckt.

Oma habe daraufhin einen Stift genommen und auf einen kleinen Zettel ein kleines Schweinchen aufgemalt und ihm gegeben.

«Ah», habe der Junge ausgerufen, «a pig! Piggy, piggy, piggy!»

Und beide hätten sie gelacht.

Dann habe David gesagt: «All the way from Aspen to Werther!», und das Bild mit dem Schweinchen durch die Luft bewegt.

«Jau», habe Oma gesagt. «Chanzen Weech herjeflogen, die Sau!»

Und beide hätten sie gelacht.

Oma habe ihn irgendwie liebgewonnen, den Tommy, der David hieß, und habe auf der Rückfahrt im Bus, während sie tief über der Handtasche gehangen hätte, darüber nachgedacht, wie sie es vielleicht doch noch hinkriegen könne, dass er zu Weihnachten eine Gitarre bekomme. Und dann sei ihr Tante Emma eingefallen. Die hatte doch noch zwei auf dem Dachboden. Und da die ja nicht vier Hände hatte, wäre eine davon ja wohl ganz klar über.

Und als sie das zu Hause Tante Emma erklärt habe, habe die das auch gleich eingesehen und ihr eine abgegeben.

«Und wenna mich dann fracht, wassa machen soll?», habe Oma gefragt.

«Ja», habe Tante Emma geantwortet, «dann sachste, solla das hier drücken, und dann das hier drücken, und dann hatta schomma 'n D und 'n A, und mehr brauchste eigentlich auch nich.»

«Na chut», habe Oma gesagt. «Zeich ma noch ma!»

In den zwei Wochen bis Weihnachten habe sie dann täglich die beiden Griffe geübt, denn sie wollte sich ja nicht blamieren. Am zweiten Weihnachtfeiertag sei sie dann wieder aufgebrochen (im wahrsten Sinne des Wortes) und mit dem Bus nach Werther gerollt und habe den Jungen sehr betrübt vorgefunden. Denn wie von Tante Wanda vorausgesagt, hatte der Weihnachtsmann keine Gitarre gebracht.

Und dann habe Oma David das Geschenk in die Hand gedrückt, was sie wegen Witterung in einen ihrer Kittel eingewickelt hatte, und während dieses Vorgangs habe die Gitarre auch einen leisen Laut von sich gegeben, und plötzlich sei das Gesicht des Jungen von traurig auf fröhlich gesprungen, und so schnell wie er dann, habe noch nie jemand auf der ganzen Welt einen Kittel ausgezogen. Bis auf Oma selbst natürlich, damals bei Hänschen, nach dem Feuerwehrfest, aber das sei eine andere Geschichte.

Und dann habe der Junge sich soooo gefreut, dass er vor Glück geweint und Oma gedrückt und ganze fünf Minuten nicht mehr losgelassen habe. Und Oma habe dann die kleine Zeichnung mit dem Schwein wieder gesehen und sie durch die Luft fliegen lassen und gesagt: «Chanzen Weech von Aspe nach Werther jeflogen! Die Ketarre!»

Und beiden hätten sie gelacht.

Und dann habe Oma ihm die beiden Griffe vorgeführt und gesagt, das waren das D und das A, und die wären das A und das O.

Und damit er sich das besser merken könnte, hätte Oma in den letzten zwei Wochen eine Melodie dazu gedichtet.

«Dies is ’n D und das ’n Ahaa!», habe sie gesungen und dabei an entsprechender Stelle einmal das D und einmal das A gedrückt.

David habe wie gebannt auf Omas Hand gestarrt und gesagt: «Once more!»

Und Oma habe gefragt: «Was fünn Mohr?» Aber Tanta Wanda habe gesagt, das bedeute, sie sollte es noch einmal wiederholen.

Also habe Oma es noch einmal gesungen: «Dies is ’n D und das ’n Ahaa!»

«Once more!»

«Dies is ’n D und das ’n Ahaa!»

«Once more!»

Das sei eine ganze Weile so gegangen, aber dann habe Oma Aua in den Fingerkuppen bekommen und David die Gitarre in die Hand gedrückt und gesagt: «Du bist!»

Und dann habe David ganz ehrfürchtig erst einmal über die Gitarre rübergestreichelt, sie dann mit der dafür vorgesehenen Ausbuchtung auf sein Bein gelegt, die Finger auf den Seiten positioniert und gesungen:

«Dies is ’n D und das ’n Ahaa!»

Und Oma habe gesagt: «Wons mohr!»

Und beide hätten sie gelacht.

Den ganzen Nachmittag des zweiten Weihnachtsfeiertages im Jahre achtundfünfzig habe David, der kleine Tommy, dann nichts anderes mehr gemacht, als ebendies zu wiederholen und danach zu wiederholen und danach zu wiederholen und habe dabei sehr, sehr glücklich ausgesehen.

«Dies is ’n D und das ’n Ahaa!»

Als Oma sich am frühen Abend verabschiedet habe, habe David vor Glück geweint und Oma noch mal sehr doll gedrückt und ganze fünf Minuten nicht mehr losgelassen. Oma habe ihm daraufhin in die Wange gekniffen und gesagt: «Machste schöne Musig, ne?»

Und David habe geantwortet: «Yes!»

Und dann sei Oma in den Bus gehüpft und weihnachtlich fröhlich wie das fliegende Schwein von Aspe nach Werther geflogen, bloß andersrum.

Ihr sei komischerweise auch gar nicht komisch geworden.

«Und jetzt Kopp zu und Licht aus!», sagte Oma.

Was aus David geworden sei, wollte ich noch wissen.

Oma antwortete, der sei dabeigeblieben. Wäre irgendwann so einer Kapelle beigetreten, und die hätten schöne Musik gemacht. Sogar auf Schallplatte. Tante Wanda habe ihr mal eine gezeigt, und auf der Vorderseite sei ein fliegendes Schwein abgebildet gewesen.

Die sei wohl ihr gewidmet, sagte Oma.

Und beide haben wir gelacht.

DAS SIEHT MAN NUR, WENN MAN'S WEISS

Oma und ich lagen nach dem Mittagessen auf der feinen Decke auf dem groben Sofa in der Küche und machten Mittagspause.

Mittagspause war ein sehr wichtiger Termin, welcher unbedingt eingehalten werden musste, wusste Oma. Denn sie diene der Regeneration und somit der Erhaltung und Erfrischung und Auffrischung der Arbeitskraft. Und die sei dringend vonnöten, denn es gäbe an jedem Nachmittag «jenuch zu tun». Heute zum Beispiel Kaffeeklatsch mit Tante Mimi und Frittchen Derberg und Tante Erna und Frau Scholz und Tante Ulla und Linna Schott.

«Wolln hoffen, dass Hilde nich au noch vorbeikommt.»

Oma hatte mir ein Pixibuch vorgelesen: «Eine kleine Dickmadam fuhr mal mit der Eisenbahn».

Dummerweise war sie genau nach diesem Paarreim eingeschlafen. Ich wartete, dass sie wieder wach werden würde, damit die Dickmadam lachte und die Eisenbahn krachte. Ich hatte die Geschichte zwar schon einmal gehört und gesehen, aber es wäre ja wirklich zu dumm gewesen, hätte ich bereits *jetzt* gelacht, wo ich das Ende ja offiziell noch nicht gehört hatte.

Als Üttchen reinkam, sah sie irgendwie anders aus als sonst, trotzdem fragte ich sie, ob sie denn auch schon mal Eisenbahn gefahren sei, aber sie ging gar nicht darauf ein und zog Oma am Zeh und sagte laut: «Machta!»

Oma schrak auf und sagte: «Dickmadam die lachte, Eisenbahn, die krachte.»

Ich lachte.

Üttchen fragte: «Sieht man das?» Und deutete auf einen Punkt zwischen ihren Augen am Ende der Nase.

Dort befand sich eine veritable Beule. Ziemlich dick und fett und rot. Stand Üttchen gar nicht so schlecht, dachte ich. Passte irgendwie zu ihr.

«Was hast du denn jemacht?», fragte Oma.

Sie sei heute Morgen nach dem Aufstehen mit dem Kopf gegen die Lampe geknallt, ließ sie wissen. «Sieht man das?»

Die Beule leuchtete pulsierend. Man hätte mit ihr Schiffe des Nachts sicher in den Hafen lotsen können. Wenn Üttchen nicht so niedrig gewesen wäre.

«Nee», sagte Oma beschwichtigend. «Das sieht man nur, wenn man's weiß.»

«Na denn is ja man chut», sagte Üttchen und setzte sich auf einen der Stühle. Ihr Kopf war noch immer auf gleicher Höhe wie zuvor.

«Ich kann janich die Brille aufsetzen, so weh tut das.»

«Lässtese ab», sagte Oma.

«Jau», sagte Üttchen. «Besser is das wohl.»

Didi stürmte in die Küche und sagte: «Tu ma was von deine Pinunsen rausrücken, ich muss tanken!»

«Tanken, tanken», sagte Oma, «haste doch chestern ers!»

«Ich muss die Sylvie abholen. Die hat auch deine Blutwurst dabei, sachtse. Die wär noch warm, sachtse.»

«Nimmste dir zehn Mark ausn Sparbuch und machst dich auffe Beine! Aber zackig!»

«Jau!»

Didi drehte sich zum Kabinettstückchen, da fiel sein Blick auf Üttchen. «Was hast du denn jemacht?»

Üttchen tat völlig unschuldig und fragte: «Wieso?»

«Du hast da was an Kopp!», sagte Didi.

Oma erklärte, Üttchen sei heute Morgen mit dem Kopf voll gegen die Lampe geknallt.

Didi gluckste und sagte: «Die Deckenlampe wird's ja nicht jewesen sein, ne? He, he! – Das leuchtet so, ich dachte erst, der Herd wär an.»

Üttchens Lippen zitterten, und sie sah sehr traurig aus.

Oma sah Didi scharf an und sagte: «Das sieht man nur, wenn man's weiß, ne?»

Didi verstand. (Dass ich die beiden Wörter mal in einem Satz schreiben würde, hätte ich nie gedacht.)

«Jau», sagte er. «Ich weiß es ja jetzt. Deswegen hab ich's ja auch jesehen.»

«Jenau», sagte Oma. «Und jetz tuste Land jewinnen und siehst zu, dass die Blutwurst hier ankommt!»

Didi schnappte sich ein Scheinchen aus dem Schränkchen und war so schnell verschwunden, wie er gekommen war.

Üttchen lief ein bisschen Wasser aus den Augen.

«Schwitzte?», fragte ich.

«Das tut so weh, da habbich richtich Brennen inne Augen.»

«Das mach sein», sagte Oma. «Aber sehen tut man das nur, wenn man's weiß. Wisste mein Taschentuch?»

«Nee», sagte Üttchen, «das tut schon jenuch weh. Marco, krich mich ma 'n Tuch ausse Trecke.»

Ich holte ein Taschentuch aus der Schublade und gab es ihr.

«Ich glaub, das is Schwitze», sagte ich.

In diesem Moment kam Tante Creme in die Küche. Sie rieb zwar wieder ihre Hände ineinander, aber unter der Woche kam man um handschlagliche Begrüßungen drum herum.

Sie sah Üttchen und fragte: «Was hast du denn jemacht?»

Oma erklärte, Üttchen sei heute Morgen mit dem Kopf voll gegen die Lampe geknallt, aber das sähe man nur, wenn man es wisse.

«Musste ’n büschen Creme draufmachen», klang es von hinter der Tapete.

«Jau», sagte Oma. «Machtse gleich.»

«Musste schön lange einreiben», sagte Tante Creme und zog wieder ab.

«Schwitze ausse Augen», sagte ich nickend. «Haste wieder viel geglotzt?»

In diesem Moment kam Onkel Gustav eilig in die Küche gestürzt und fragte völlig außer Atem, ob es brennen würde. Er habe gerade das Feld umpflügen wollen, da habe er von draußen so ein Leuchten gesehen. Dann fiel sein Blick auf Üttchens Kopf, und er fragte: «Was du denn jemacht?»

Oma sagt: «Heute. Morgen. Lampe. Sieht man nur, wenn man’s weiß. Körnchen?»

«Jau», sagte Onkel Gustav.

«Bring ich dich raus. Cheh man schonn.»

«Jau», sagte Onkel Gustav und war weg.

Dann war es einen Moment still in der Küche.

Üttchen tupfte sich leise das Wasser aus den Winkeln ihrer Augen, während die Winkel ihres Mundes noch immer gen Australien hingen.

Dann sagte sie betrübt: «Ich glaub, das tut man sehen.»

«So 'n Quatsch!», sagte Oma. «Das sieht man nur, wenn man's weiß!»

«Meinste?»

«Ja, sicher!»

Dann kam meine Großcousine rein und fragte, ob irgendjemand ihr Pflaster mit dem schwarzen Punkt gesehen hätte, blickte auf Üttchen und sagte: «Ach, da isses ja!», und Oma wurde wütend und sagte: «Kack an Jägerzaun! Raus!»

Meine Großcousine fing wie immer an zu heulen und haute ab.

«Das sieht man nur, wenn man's weiß!», schrie Oma ihr hinterher.

Tropfentupfend bewegte sich Üttchen Richtung Tür.

Sie musste aufgestanden sein, wir hatten es nicht mitbekommen.

«Ich glaub, ich leech mich ma 'n büschen hin, mir is nich so chut», sagte sie.

Das sei eine ganz wunderbare Idee, ließ Oma wissen, das würde sie auch so machen, wenn sie nicht gerade schon gelegen hätte. Und Üttchen solle sich keine Sorgen machen, denn morgen sähen die Welt und die Stirn schon wieder ganz anders aus, und überhaupt würde man das bloß sehen, wenn man es wüsste.

«Chut», sagte Üttchen und zog ab.

Oma und ich blieben in der Küche zurück. Draußen im Treppenhaus hörten wir meinen Großcousin fragen: «Was hast du denn jemacht?»

Ich sagte ein bisschen traurig zu Oma, dass mich das

schon ein bisschen traurig machen würde, wenn ich sehen würde, wie Üttchen ein bisschen traurig sei.

Oma lächelte und sagte, ich solle mal «'n büschen bei sie beikommen».

Ich setzte mich auf Omas Schoß, und sie erklärte mir, dass das Mitgefühl hieße. Ich würde dann das, was jemand anders fühlt, auch fühlen. Ich würde *mit* ihm *mit*fühlen. Deswegen hieße das Mitgefühl. Wenn die kleine Dickmadam lachen würde, würde ich ja auch lachen. Und wenn die andere Dickmadam traurig sei, wäre ich halt auch traurig. Mitgefühl haben, sei etwas Gutes, ließ Oma wissen. Das mache aufmerksam auf die anderen um einen drum herum. Auch, wenn die oft dösich wären.

Ob sie denn auch Mitgefühl zum Beispiel mit der Ratte im Keller gehabt habe, als sie ihr mit der Plattschippe gezeigt habe, was 'ne Harke sei, wollte ich wissen.

Aber natürlich, sagte Oma. Das habe ihr selbst mindestens genauso weh getan wie der Ratte, mindestens, aber die habe nun mal in der Nähe von Omas Einmachgläsern nichts zu suchen, und das habe die Ratte dann auch eingesehen. Im Übrigen sei das bei Erziehungsmaßnahmen, ausgeübt an Falscherzogenen, dasselbe: Ihr würde das genauso weh tun wie dem kleinen Gegenüber, mindestens, aber es müsse ja getan werden, um dem uns bekannten Pfad Genüge zu tun.

Ach so.

Aber natürlich habe sie uns eigentlich alle sehr lieb.

Ob sie *mich* denn auch lieb habe, wollte ich wissen.

Ob ich das denn nicht wisse, wollte Oma wissen.

Doch, das würde ich wohl wissen, ließ ich sie wissen.

«Sisste», sagte Oma. «Das ist das Wichtigste. Dass man es

wissen tut. Denn dann tut man's auch fühlen. Denn (!): Das fühlt man nur, wenn man's weiß!»

Ich lächelte und sagte, das könne man auch anders fühlen.

Und Oma fragte, wie.

Und ich gab ihr ein Küsschen und sagte: «So!»

Und Oma lachte und sagte: «Ich hab dich lieb.»

Und ich sagte: «Das weiß ich doch.»

SPEZIALIST FÜR ALLES

Der Einzige, den Oma noch mehr lieb hatte als mich, war ihr Schwager Helmut aus Lockhausen. Der Mann ihrer Schwester Ulla. Denn immer, wenn die Sprache auf ihn zu sprechen kam, sagte sie: «Na, den lieb ich ja!»

Da hätte ihre Schwester aber *großes* Glück gehabt, dass sie diesen Mann abgekriegt hätte, sagte Oma. Obwohl, wenn man es genau nehmen würde, wäre «großes» Glück doch ziemlich übertrieben, denn Helmut sei ja nur wenig höher als Üttchen. Und wenn man es *sehr* genau nehmen würde, sei er ja eigentlich bloß ein Pimpf.

Ein Furzknoten.

Aber er sei ja Feuerwehrmann in Lockhausen!

Erster Mann an der Spritze!

Das sei ja was!

Obwohl, wenn man es genau nehmen würde mit «erster Mann an der Spritze» … Kinder hatten Ulla und er ja nicht. Aber er habe ungeheures Wissen! Ungeheuerliches Wissen! Schon fast beängstigend viel. Schlauer, als die Polizei erlaubt, sei der. Komisch, dass die den noch nie erwischt hatten, sagte Oma. Wo der doch *so* viel wisse. Der sei nämlich «Spezialist für alles»! Wenn ich mal irgendwann irgendeine Frage hätte, egal, welches Fachgebiet, solle ich einfach mal bei Onkel Helmut klingeln. Der wisse die Antwort. Ganz bestimmt!

Ach so.

Ich fände das toll, dass wir so jemanden in der Familie hätten, sagte ich zu Oma. Und noch viel toller wäre doch, dass der so bereitwillig sein Wissen weitergeben würde. Das sei ja nicht selbstverständlich. Manche klugen Menschen hielten ja ganz schön mit ihrer Schlauheit hinterm Berg, sagte ich. So wie zum Beispiel Tante Creme. Da könne man schon mal auf ganz andere Gedanken kommen.

Ja, das sei wirklich toll, bestätigte Oma. Vor allem, wenn man gar keine Frage hätte, Helmut wüsste trotzdem die Antwort. Da hätte ihre Schwester wirklich *großes* Glück gehabt! Denn wenn die mal nach getaner Arbeit nicht wisse, was sie machen solle, Helmut wisse, wo noch was zu erledigen sei.

Das sei ja wunderbar, sagte ich. Dann könnte ich ihn ja vielleicht mal anrufen, wenn mir langweilig wäre und ich nicht wisse, was ich machen solle.

Das sei bei mir wohl nicht vonnöten, sagte Oma, denn sie könne sich nicht erinnern, dass ich irgendwann mal Langeweile gehabt hätte. Komischerweise! – fügte sie hinzu. Sobald man mich irgendwo absetzen täte, begänne ich ja sofort, mit meinen Händen zu labern.

Das sei trotzdem manchmal langweilig für mich, ließ ich Oma wissen, denn ganz oft würden die etwas erzählen, was ich schon kennen würde.

Dann könne ich die beiden auch Helmut und Helmut nennen, sagte Oma.

Aber dann wisse ich ja gar nicht, wer wer sei. Ich würde rechts und links ja noch nicht kennen.

Das wäre egal, sagte Oma, denn wenn man Helmut hieße, sei links sowieso keine Option.

Ach so.

Ein paar Tage später gab es im Kinderfernsehen eine neue Serie. Ich fand sie super. Ich stürmte in die Küche und rief: «Ich will Feuerwehrmann werden!»

Oma fiel vor Schreck der Löffel in den Rotkohl.

Als Erstes sagte sie: «Was happich mich verjaacht!»

Und dann: «Was is das denn wieda fünne Marotte?»

Und dann: «Wisste enden wie Onkel Helmut?»

Ich erklärte ihr, dass es sich dabei um einen Spruch aus einer Serie im Fernsehen handeln würde. Es ginge darin um einen kleinen, grünen Drachen und seinen Berufswunsch.

Oma sagte, bei «klein» und «Drache» und «Feuerwehrmann», da könne es sich nur um Helmut handeln.

Jetzt ging der also auch noch in Serie.

Im Fernsehen.

«Na, den lieb ich ja!», sagte Oma.

Sie musste ihn wirklich gerngehabt haben.

SONNE UND SONNE

Oma hatte ihre Nähbrille auf und inspizierte die Reste einer einst feinen Leinenhose. Mein Großcousin stand in seinem braun-gelben Schlüpfer in Omas Stube und trippelte nervös von einem Bein aufs andere. Aus dem Eingriff seiner Unterhose guckte die Spitze seines Pillermanns raus. Und weil er so wackelte, wackelte auch der. Mein Großcousin schien das überhaupt nicht zu bemerken. Er wartete ungeduldig auf das Ergebnis von Omas Inspektion.

Üttchen schien es auch nicht zu bemerken. Sie hatte zwar einmal hingesehen, hatte aber wahrscheinlich geglaubt, es handele sich um einen unsauber geflickten Schlüpfer, aus dem ein Faden raushängen würde.

Ich beobachtete das Schauspiel amüsiert, aber da es niemanden zu interessieren schien, merkte ich es nicht an.

«Wie hasste das denn wieda hinjekricht?», fragte Oma.

«Das war ich nich!», sagte mein Großcousin aufgeregt. «Das war der bekloppte Hennes, der Blödmann, die Sau!»

«Freundchen!», sagte Oma. «Sonne Wörter will ich hier nich höan!»

«Is doch wahr!» Mein Großcousin wurde lauter. «Der hat mich einfach geschubst! Ich hab nix jemacht! Und dann bin ich in den Zaun hängenjeblieben! Und hat der nur jelacht und is weggelaufen! Der is doch Scheiße!»

«Was habbich grad jesacht?», fragte Oma. «Das will ich

hier nich höan! Wenn da noch mehr so schmutzige Wörter rauskommen, dann tu ich dir den Mund mit Seife auswaschen! Hammwa uns verstanden?»

«Jau», sagte mein Großcousin und schaute auf seine Zehen.

Dass der das mit seinem Pillermann nicht sah.

Verrückt.

Aber er hatte sich noch nicht ganz beruhigt: «'n alter Pillermann is das.»

Für einen Mann in seiner Situation hielt ich diesen Satz für gewagt.

«Marco, krich ma die Seife ausn Batt!», befahl Oma.

«Nee, is ja jut!», sagte mein Großcousin. «Was is nun mit die Hose?»

«Tja», sagte Oma und zuckte mit den Schultern. «Da kannste nur noch 'n Sticken dranhalten.»

Sticken sind kleine, dünne, hölzerne Stangen mit rotem Kopf. Mit ihnen kann man eine Pfeife oder eine Zigarre anzünden. Nicht zu verwechseln mit Stöcker. Stöcker sind große, etwas dickere, hölzerne Stangen. Mit ihnen kann man fechten oder schießen oder anderen eine Abreibung verpassen und sie ordentlich verwemsen.

«Was soll ich denn jetzt Mama sagen?!» Mein Großcousin war laut und verzweifelt und irgendwie auch ängstlich. «Kann man da denn nix mehr machen?»

«Nee», sagte Oma. «Völlig klotten!»

In diesem Moment kam meine Großcousine rein und sagte: «Der Hennes hat gesagt, ich bin doof!»

Oma sah sie für einen Moment an, zuckte dann wieder mit den Schultern und sagte: «Und?»

«Das will ich nich!»

«Chippt halt sonne und sonne», sagte Oma. «Welche, die tun nett sein, und welche, die sind halt einfach dösich.»

«Und bei welchen bin ich?», fragte meine Großcousine.

Ich überlegte einen Moment lang, ob der fiese Hennes mit seiner Behauptung nicht vielleicht doch recht gehabt hatte.

Der Hennes sei halt nicht so gut erzogen wie wir, erklärte Oma. Wir würden schon ganz, ganz schöne Erziehung erhalten. Zumindest unter ihrer Obhut. Die Eltern vom Hennes seien da ein ganz anderer Fall. Ganz anderer Fall! Und deshalb könne der Hennes halt manchmal nicht anders. Er wisse es halt einfach nicht besser. Da müsse man auch schon mal Nachsicht haben.

«Wenna wieda so was sacht, musste einfach ma ’n Auge zudrücken», sagte Oma.

Und meine Großcousine: «Aber dann seh ich ja *gar* nix mehr!»

Ich überlegte einen zweiten Moment lang, ob der fiese Hennes mit seiner Behauptung nicht vielleicht doch recht gehabt hatte.

«Oma meint das Auge vom Hennes», sagte mein Großcousin grinsend.

Seine Schwester sah ihn daraufhin an, erblickte den Fauxpas in seinem Schritt, zeigte mit dem Finger drauf und schrie: «Iiiiih!»

Das ließ Üttchens Faden-Theorie in sich zusammentöddan. Sie zeigte ebenfalls mit dem Finger Richtung Missgeschick und sagte: «Stecka man chut wech!»

Ich hielt reflexartig die Hand auf, weil ich dachte, jetzt gäbe es wieder einen Taler, gab es aber nicht.

Mein Großcousin sortierte seinen Unterleib und sagte unter Leid: «Und was sach ich jetzt Mama? Wegen die Hose?»

Oma antwortete: «Sachste Mama, ich hätt jesacht, es chippt halt sonne und sonne Hosen. Und dies is halt sonne. Feddich!»

Er brauche die Hose jetzt auch gar nicht mit raufnehmen, erklärte Oma weiter, die würde sie nachher persönlich hochbringen. Als Putzlappen. Dann könne seine Mutter da noch viele schöne Stunden mit verbringen. Das täte sowieso mal wieder not.

Und so entschwand mein Großcousin nach oben.

Seine Schwester stand noch immer in der Stube.

«Was is mit dich?», fragte Oma. «Stehst da wie bestellt und nich abjeholt.»

«Mir is langweilig», sagte sie.

«Langweilich, langweilich», sagte Oma. «Dann guckste ma, was die kleinen Schweinchen so machen.»

Meine Großcousine glotzte mit ihrem einen Auge etwas verwirrt, dann sagte sie: «Aber wir hamm doch gar keine Schweinchen mehr.»

«Doch», sagte Oma. «Inna Kühltruhe.»

GEBLÄSEGESPRÄCHE

Es war ein Haare-werden-gemacht-Samstagnachmittag, und Mama trieb Oma gerade wieder die Stachel durch die Wickler, und Oma hatte wie immer einen Waschlappen vor dem Gesicht und atmete schwer, als Tante Hilde reinschneite. Und tatsächlich wurde es auch gleich kälter im Raum, dabei war der Sommer doch noch nicht mal ganz rum.

Omas Lockenwickler passten ganz wunderbar auf Kinderfinger. Biggi und Banda sahen aus wie Ritter. Die beiden trafen gewisse Vorbereitungen, denn sie würden gleich in einem Reittunier gegeneinander antreten. Der eine auf seiner Stute Hamburch, der andere auf seinem Hengst Wacholder.

Nachdem Tante Hilde die am meisten drängendsten Dringlichkeiten inklusive aller Dinge, die sie auf keinen Fall weitererzählen sollte, weitererzählt hatte – fast alle ihre Sätze begannen mit «Weißte schon das Neueste?» –, blitzten ihre Augen wieder rhythmisch und verstohlen zu mir rüber, und sie fragte: «Wie geht es ihm denn?»

«Och», sagte Oma. «Er vertut sich.»

«So, so», sagte Tante Hilde. «Vertuta sich …»

Mama lächelte bloß ein wenig und sagte, jetzt sei es ja wohl mal Zeit für die Haube.

Und Oma sagte: «Wenn nich jetz, wann dann!»

Oma bekam die weiße Sturmhaube auf, und das Gebläse

wurde angeschaltet, und es war so laut, dass ich Biggi und Banda nicht mehr verstehen konnte. Obwohl sie gerade lautstark ihre Fehde austrugen. Tante Hilde hielt das Geräusch absolut nicht davon ab, Oma und allen anderen Anwesenden (Mama, Üttchen und ich) trotzdem den neuesten Klatsch und Tratsch aus Dorf und Stadt zu berichten. Sie bölkte einfach über die Trockenmaschine hinweg.

«Weißte schon das Neueste?»

In Omas Küche kämpften also zwei Ritter, während das Burgfräulein herumschrie, wobei außerdem noch ein sehr starker Sturm pfiff.

Zu viel für Üttchens Ohren.

«Da wirste ja rammdösich!», sagte sie laut, was keiner verstand, weil es ja so laut war, und rollte raus auf den Flur.

Mama sagte, sie müsse mal dringend nach dem anderen Kind sehen (wie hieß das noch?), und ging ebenfalls.

«Na, das wird ja spannend nächste Woche, was?», schrie Tante Hilde.

«Was?», schrie Oma.

«Na, das mit Helmut!», schrie Tante Hilde.

«Na, den lieb ich ja», schrie Oma. «Was machta jetz wieda?»

«Och, weißte das noch ja nich?», schrie Tante Hilde.

«Was denn?», schrie Oma.

«Na, die neueste Neuigkeit!», schrie Tante Hilde.

«Ne», schrie Oma. «Was denn?»

«Och! *Das* weißte noch nich?»

«Nee!»

«Dasde *das* noch nicht weißt! Da sprechense doch alle drüber!»

«Über was?»

«Na, über die Sache mit Helmut!»

«Na, den lieb ich ja! Was machta jetz wieda?»

«Dasde das noch nich weißt! Das is ja 'n Ding!»

Hätte Tante Hilde Spannungsbögen verkauft anstatt Pelzmäntel, wäre sie noch reicher geworden, als sie ohnehin schon war.

Die Angelegenheit war so spannend geworden, dass selbst die beiden Ritter aufgehört hatten, ihren Faustkampf auszutragen, und genau wie ich zwischen Tante Hilde und Oma hin und her sahen.

«Der unterstützt ja dies Jahr den Vorjahressieger. Mit Nau-Hau und Cheld!», schrie Tante Hilde.

«Was machta?», schrie Oma.

«Cheld chippta! Und Tipps! Und chute Ratschläge! Dafür muss nur sein Name an der Seite stehen. Chanz neue Karre kricht der! Mit allem Zipp und Zapp!»

«Wer kricht was?»

«Na, der Hennes! Der Vorjahressieger! Beim Seifenkistenrennen! Von 'n Helmut!»

«Bitte??» Oma schien entsetzt.

«Ja, das kennste doch», schrie Tante Hilde. «Die machen doch jedes Jahr dies Seifenkistenrennen. Von Lockhausen chanze Straße runter bis zum Zubringer. Und da will der Helmut ma 'n büschen Werbung für sich machen. Und die Feuerwehr. Und dann hatta chesacht, er unterstützt dies Jahr mal den, der immer chewinnt!»

«Das is ja das Erste, was ich höre!», schrie Oma noch immer entsetzt.

«Tja», schrie Tante Hilde und zuckte mit den Schultern.

«Das cheht ja jenau hier an Haus vorbei!», schrie Oma noch immer entsetzt.

«Jenau!», schrie Tante Hilde. «Dann kannstes ja sehen. Ich komm auch!»

«Wie? Du kommst auch?»

«Ja, *alle* kommen! Chanz Aspe, chanz Knetterheide und auch chanz Lockhausen! Sogar die aus Bexten und Bexterhagen wollen kommen.»

«Und dann fährt der mit sein Namen an mein Haus vorbei??» Oma schien etwas aufgebracht. «Das hat's ja noch nie jejeben!»

«Nee», schrie Tante Hilde. «Das mit den Namen is neu. Hat der Helmut füa jesorcht!»

«Na, den lieb ich ja!»

«Dasde das noch nich weißt», schrie Tante Hilde. «Is doch dein Schwager!»

«Jau», sagte Oma. «Da hat die Ulla großes Glück gehabt!»

Oma schaltete das Gebläse aus und beugte sich über den Tisch hin zu mir.

«Marco?»

«Oma?»

«Wisste da immer noch mitmachen?»

DER TEUFEL TRÄGT KITTEL

In den folgenden Tagen war im Haus der Teufel los.

Und er trug Kittelschürze.

Mama und Papa wurden angewiesen, wie einst versprochen, mit Brettern und Nägeln einen Rennwagen zu erstellen. Denn was man versprochen habe, das müsse man auch halten, sagte Oma. Besonders einem so lieben Kind gegenüber, wie ich es sei. Das sei beispiellos.

Bei-spiel-los!

Mir solle es auch sonst an nichts mangeln, und ich solle mich wohl fühlen und entspannen, und wenn ich ein Eis haben wollen würde, sollte ich verdammt noch mal eins bekommen. Mindestens bis Montag.

Oma hatte Onkel Günther angerufen und gesagt, das mit dem Netz hätte sich jetzt geklärt und somit sei die Verbindung wieder laut und deutlich, ob das auch bei ihm der Fall sei. Ja, das sei auch bei ihm der Fall, habe Onkel Günther geantwortet, und das sei ja ganz wunderbar und gäbe ihm jetzt endlich die Gelegenheit, noch eine Sache anzumerken wegen seines Geburtstags. Ob er denn schon wisse, dass Oma hier eine ganze Schachtel lecker Zigarren aus Bünde rumliegen habe, sei sie ihm ins Wort gefallen. Und da sie ja nicht rauche (bis auf das eine Mal mit Hänschen, damals nach dem Feuerwehrfest, aber das sei eine andere Geschichte), habe sie da an ihn gedacht.

«Eine ganze Schachtel?», habe Onkel Günther nachgefragt, und Oma habe geantwortet: «Noch nich anjebrochen!»

Jo, da wisse er wohl was mit anzufangen, habe er gesagt, und Oma habe laut und deutlich gefragt, was er denn noch anmerken wollte, wegen seines Geburtstags, und Onkel Günther habe gesagt, das hätte sich erledigt.

Gut, habe Oma gesagt, dann solle er ihr doch mal einen Gefallen tun und in Lockhausen zum Seifenkistenrennenkomitee gehen und nach den Startvoraussetzungen fragen, er hätte doch Verbindungen.

Eins wisse er, habe Onkel Günther gesagt, *sie* dürfe da nicht mitfahren, wegen Größe, und Oma habe gesagt, dass sie auch gar nicht mitfahren wolle, sondern «der Junge».

«Der Junge?»

Onkel Günther habe ziemlich entsetzt geklungen und nachgefragt, ob sie sich das denn wohl gut überlegt habe.

Und Oma habe gesagt: «Jau.»

Und jetzt solle er sich endlich «auffe Beine» machen, die Zeit würde drücken.

«Auffe Beine??!»

Onkel Günther habe ziemlich verärgert geklungen, und das laut und deutlich, aber Oma habe gesagt, er solle sich mal nicht so mädchenhaft anstellen, sie würde sich jetzt erst mal eine Zigarre anzünden und auf seinen Rückruf warten.

Und wenn die alle sei, die nächste.

Und habe aufgelegt.

Keine Stunde war vergangen, da hatte Oma alle Daten und Zahlen und Fakten und Zeiten, die man wissen musste.

Die Seifenkiste durfte höchstens soundso lang sein,

höchstens soundso breit, musste vier Räder haben, und Farbe und Form waren egal.

Der Pilot durfte nicht größer als eins zwanzig sein, ob Junge oder Mädchen, war egal.

Gestartet wurde am Sonntag direkt nach dem Kirchgang (Klammer auf: Der Pastor hat angeboten, wegen der Lockerheit und im Namen des Herrn, flüssige, natürliche Erfrischungen anzubieten. Dem wurde zugestimmt. Klammer zu) auf Lockhausens höchster Erhebung, Lockhauser Straße zwischen Nummer 41 und Nummer 43, gleich neben dem 70-Kilometer-die-Stunde-Schild (Klammer auf: Bauer Dunkelbier hat angeboten, auf seinem Feld, was genau daneben liegt, Erfrischungen flüssiger Natur anzubieten. Dem wurde zugestimmt. Klammer zu), Ziel war Lockhauser Straße ganz unten, beim Zubringer, direkt an der Ampel (Klammer auf: Baumschule Spilker hat angeboten, auf ihrem Baumschulgelände, was genau daneben liegt, natürliche, erfrischende Flüssigkeiten anzubieten. Dem wurde zugestimmt. Klammer zu).

So es ginge, würden am Start alle nebeneinander starten. Würden es mehr Teilnehmer, als die Straße breit ist, werden, würde das Seifenkistenrennenkomitee nach intensiver Prüfung und Beratung und schließlich nach eigenem Gusto und Pesto wenig erfolgversprechende Kisten in die zweite Reihe verbannen.

Gewonnen wird haben derjenige, der als Erster die Ziellinie überfährt (Klammer auf: Personen ohne Kiste um sich rum sowie Kisten ohne Personen in sich drin gelten nicht. Klammer zu).

Besonderheit in diesem Jahr sei das erstmalig aufgerufene

Preisgeld in Höhe von zwanzig Mark. Gespendet vom «allwissenden Helmut», sagte Oma und fügte hinzu: «Na, den lieb ich ja.»

Grundgerüst unseres Gefährts wurde eine Euronormpalette. Denn man müsse Gewicht auf die Straße bringen, erklärte Papa, und mit mir dünnem Hemd allein würde das nicht gelingen. Mit viel Gewicht sei man zwar anfänglich hintendran, aber hintenraus wäre man ganz vorn dabei, so viel sei sicher.

Ach so.

An jeder Ecke der Palette wurde ein Rad vom Kinderwagen angebracht. Mama hatte sich bei Oma beschwert und gefragt, wie sie denn jetzt meinen Bruder durch die Gegend schieben solle, aber Oma hatte abgewunken und gesagt, das wäre die beste Gelegenheit für den, endlich laufen zu lernen, der sei eh zu fett.

Didi hatte noch an den Kugellagern rumgemacht, denn mit runden Dingen kenne er sich aus, ließ er uns wissen, und außerdem habe er heimlich was aus Tante Cremes Tiegel entwendet, und damit würde das hier eine fettige, flotte, runde Sache werden.

Nachdem das Chassis fertig genagelt war (es sah dem Opel Commodore Coupé von Papa verdächtig ähnlich), wurde von meinem Großcousin und meiner Großcousine der Lack aufgetragen.

Oma stand daneben, zeigte mit dem Zeigefinger und sagte: «Da noch!»

Der Pilot selbst, also ich, machte den ganzen Tag über leichte Atemübungen, indem er den ganzen Tag über leicht ein- und ausatmete.

Oma wollte außerdem Werkspionage betreiben und schickte Onkel Gustav zusammen mit Hamburch unter Vorspiegelung falscher Tatsachen (er solle sich halt was einfallen lassen) bei Onkel Helmut vorbei, wo das Fahrzeug des fiesen Hennes entstand. Onkel Gustav sagte, er habe leider bloß einen kurzen Blick auf den Rennwagen werfen können, denn Helmut selbst habe im Spalt der Garage gestanden und Onkel Gustavs mehrmaliges Fragen, ob er denn nicht irgendwo irgendwas umpflügen könne, mehrmals mit Nein beantwortet, bis er schließlich das Tor geschlossen hätte. Aber die Karre wäre knallrot gestrichen gewesen und hätte sehr schnell ausgesehen. Und an der Seite hätte «Feuerwehr» und «Helmut» gestanden.

«Na, den lieb ich ja», sagte Oma und schüttelte den Kopf. «‹Feuerwehr Helmut›. Ich werd nich mehr.»

«Wenn *die* Feuerwehr haben, dann könn wir doch Polizei machen», schlug ich vor. «Polizei Oma.»

Doch Oma erinnerte mich daran, dass unser Gefährt ja mittlerweile rosa lackiert war. Weil das die einzige Farbe war, die wir noch im Haus hatten. Und dass das jetzt nicht unbedingt die Polizeifarbe sei.

Ach so.

Das sah ich ein.

Ich sagte zu Oma, dass ich trotzdem fände, dass da was auf der Seite stehen müsse. Und Oma gab mir recht, das ging überhaupt gar nicht, dass Helmut was am Karren hätte stehen und wir nicht.

Aber was?

Oma meinte, es müsse schnell und flott klingen.

Didi meinte, wir könnten ja «Da! Sssst!» draufschreiben.

Alle meinten, nein.

Es müsse ein bisschen aggressiver sein, dass die Gegner Angst bekämen, meinte mein Großcousin.

Und schnell, meinte Üttchen.

Das hatten wir schon, meinte Oma.

Vielleicht auch ein bisschen niedlich, schließlich handele es sich ja um Kinder, meinte Mama.

Auf jeden Fall sollten wir auch noch über einen Rallyestreifen in der Mitte der Motorhaube nachdenken, das mache auch noch mal schneller, meinte Papa.

«Was könnte da am Wagen stehen?», dachte Oma laut.

Und alle dachten mit.

Ich hatte beobachtet, wie mein Bruder bloß mit Windeln bekleidet auf einen der Gartenstühle geklettert war. Just in diesem Moment verlor er das Gleichgewicht und fiel Richtung Waschbetonplatten.

«Das fliegende Schwein!», sagte ich – noch bevor er unten aufgekommen war.

Alle sahen mich an.

Irgendwo im Hintergrund klatschte es laut.

«Das isses!», rief Oma aus.

Irgendwo im Hintergrund heulte ein Kind. Mama lief los.

«Jawoll!», sagte Didi.

«Chut!», sagte Üttchen.

«Vergessen wir nicht den Rallyestreifen», sagte Papa.

«Astrein!», sagte Oma. «‹Das fliegende Schwein›! So wird's jemacht!»

Und so kam es, dass am Mittwochabend die schnellste Seifenkiste «vonne chanzen Welt» in Omas Hof stand und das ganze Haus drum herum, und alle waren anerkennend am Nicken, wegen der eigenen Leistung und der der anderen.

Die Seifenkiste hatte einen braunen Rallyestreifen auf der Motorhaube (von Papa selbst gemalt), einen kleinen Rüssel vorne in der Mitte (Steckdose von Tante Creme, die vom Flur, die würde sie eh selten brauchen, so selten, wie sie staubsaugen täte, meinte Oma), rechts und links auf dem Dach (oder links und rechts) zwei Ohren aus Pappe (Didi hatte vorgeschlagen, echte Schweineohren zu nehmen, er würde auch in die Steinheide fahren und die holen, brauche dafür aber erst Geld, denn er müsse tanken, aber Oma hatte gesagt: Nee!), hinten einen kleinen Ringelschwanz (lackierte Bettfeder, gestiftet von Üttchen, hätte irgendwann eines Morgens dagelegen), und an beiden Seiten stand in weißer Schrift: «Das fliegende Schwein» (von Mama selbst gemalt, denn die hatte die schönste Schrift. Hattse noch immer!).

Oma verteilte kleine, klare Gläschen in der Runde, schüttete Wacholder rein und sagte: «Auf Aspe!»

Und alle sagten: «Auf Aspe!»

Und dann machte es vielfach klick, und alle Köpfe gingen in den Nacken, und alle Gläser waren leer.

Was denn mit mir sei, fragte ich Oma, und sie antwortete, der Fahrer müsse nüchtern bleiben, und tat eine weitere Runde aus.

«So!», sagte Oma. «Dann wolln wa mit diesem Gefährt den Helmut ma richtich in Schwulitäten bringen, den ollen Schweinepriester.»

«Jau!», sagte Didi. «Der alte Dämelack!»

«Damit werden wa den richtich piesacken!», sagte Üttchen.

«Das hat er auch verdient, die alte Pissnelke!», sagte Mama.

«Das issn alten Jabbelkopp!», sagte Tante Creme.

«Und ein Aufschneider!», pflichtete Papa ihr bei. (Der nicht genauso sprach wie wir, denn der kam aus der Stadt.)

Ich sagte sehr eindringlich, dass, wenn das hier so weitergehen würde, ich hochwahrscheinlich gleich ins Bad gehen müsse, um die Seife zu holen. Oma schenkte noch mal nach und sagte, dass hochwahrscheinlicher sei, dass ich gleich ins Bett gehen würde. Nicht ins «Batt».

Ach so.

Morgen Abend würde es die erste Testfahrt geben, und die fände deswegen abends statt, damit uns keiner was weggucken könne, sagte Oma. Von den guten Ideen. Bis dahin hätte jetzt jeder freie Zeit zur Verfügung und könne sich entspannen, solle aber die Anspannung halten, das sei wichtig.

Oma hob erneut das Gläschen und sagte: «Auf Aspe!»

Und alle wiederholten: «Auf Aspe!»

Und das ganze Haus stand da wie *ein* Mann.

Nein!

Wie *eine Frau*!

In Kittelschürze.

FEINTUNING

Der Pilot – also ich – hatte in einer feierlichen Zeremonie den «chuten Hut» von Oma als Helm überreicht bekommen.

Das ganze Haus war Zeuge gewesen, und Tante Creme hatte gesagt: «Das hatt's ja noch nie jejeben!»

Und Oma hatte geantwortet: «Das is neu.»

Mir wurde eindringlich und unmissverständlich klargemacht, den «Helm» niemals abzusetzen oder womöglich noch irgendwo hinzulegen. Also auf den Boden oder Ähnliches. Das sei äußerst unhygienisch, hatte Oma gesagt und mir dabei mit ihrem Taschentuch die Nase geputzt.

«Doller!»

Ich trug ihn also auch über Nacht und stellte fest, dass er frisurentechnisch um Längen besser wirkte als jedes Haarnetz. Mir war außerdem von Oma eine Pilotenjacke genäht worden. Aus einem ihrer alten Kittel. Er passte selbstverständlich wie angegossen und hatte ein schönes florales Muster. Orangene Blumen auf kornblumenblauem Grund. Oma hatte gesagt, dass, wenn es Unfälle geben täte, mit «appen Beinen oder Köppen», also mit viel Blut, ich mit diesem Kleidungsstück ganz sicher auf der sicheren Seite sei.

«Perlt alles ab!»

Die Probefahrten hatten nicht so geklappt wie gehofft.

Zuerst hatte das Gefährt einen gefährlichen Rechtsdrall. Der wurde mit einem Stein im Fußraum korrigiert. («Gewicht, wir brauchen mehr Gewicht!», hatte Papa gesagt.)

Zudem war das Gefährt schlicht zu langsam auf der langen Geraden kurz vorm Mühlenbrink. («Gewicht», sagte Papa. «Je mehr, je besser!»)

Didi schlug vor, wir könnten doch einen Motor einbauen, er würde sich sogar bereit erklären, damit tanken zu fahren, er bräuchte dann nur etwas Geld. Oma sagte, das täte ihr leid, aber Motorantrieb sei nicht gestattet, stände so in der Seifenkistenrennenverordnung.

Es wurden zusätzlich zwei Waschbetonplatten im Fußraum untergebracht. («Gewicht, Gewicht! Dann hat's Gesicht!» – Zitat Papa.) Diese Lücke, diese entsetzliche Lücke, die daraufhin im filigranen Muster der fein verlegten Waschbetonplatten des Innenhofs entstand, war Oma bereit, bis Montag hinzunehmen.

Zur Not bis Dienstag.

Bei den Tests im Windkanal – die Seifenkiste stand in der Diele, Üttchen stand davor und war gebeten worden, sich so schnell zu drehen wie möglich – hatte sich außerdem herauskristallisiert, dass es besser war, die Schweineohren noch ein bisschen anzulegen, um den Luftwiderstand zu verringern.

Tante Creme stellte freiwillig ihren Tiegel zur Verfügung, damit die Karre an allen relevanten Stellen noch einmal abgeschmiert werden konnte. Zwei Mann (Onkel Friedlich und Großcousin) waren notwendig, das Fett-Gefäß in den Hof zu tragen.

Durch diese zusätzlichen Maßnahmen lag das Gefährt nun sicher auf der Straße und kam auch auf eine beachtliche Geschwindigkeit.

Oma, die jeden einzelnen Probelauf auf ihrem Neckermann begleitete und bei den beiden letzten Versuchen sogar von «Das fliegende Schwein» überholt worden war, zeigte sich äußerst zufrieden.

Ob dies allerdings zur Besiegung des fiesen Hennes in der «Feuerwehr Helmut» reichen würde, würde sich erst am Sonntagmorgen zeigen. Denn dann erst war die Strecke vor dem Kirchgang für Übungs- und Testfahrten freigegeben.

Didi sollte während dieser Zeit mit dem Mofa die einzelnen Gegner (besonders einen!) von Start bis Ziel begleiten, während Üttchen als Sozia möglichst heimlich mit einer Stoppuhr die Zeit nehmen sollte.

Nach einer Testfahrt am Freitag sagte Didi, das würde gehen, sei kaum anders als mit die Sylvie. Was denn mit Tanken sei.

Üttchen war etwas sauer und sagte, wenn sie gewusst hätte, dass das Mofa so schnell fahren kann, hätte sie vierzig Jahre lang jeden Morgen zehn Minuten länger schlafen können.

Ob einer wüsste, wie viel Stunden das seien.

Wusste aber keiner.

Am Abend sagte Oma zu uns allen, morgen sei ja der große Tag und sie würde auf uns zählen und jeder wüsste ja, was er zu tun habe, und wenn er das nicht wüsste – wegen «Dösichkeit» –, dann solle er vorher noch mal fragen, denn hinterher sei zu spät.

Sie erwarte (!), dass das reibungslos ablaufe!

Wie in ihrer Spüle nach dem Aufwasch!

Wenn nicht (!), dann hätte «der Arsch aber Hochzeit!».

Ich überlegte kurz, ob Onkel Helmut morgen nebenbei noch heiraten würde, verwarf es aber gleich wieder. Er war ja schon verheiratet.

«Und jetzt», sagte Oma, «Kopp zu und Licht aus!»

Gute Nacht, Tante Creme!

Gute Nacht, Üttchen!

Gute Nacht, Mama!

Gute Nacht, Oma!

Gute Nacht, Pilot!

…

Und so ging das ganze Haus zu Bett.

(Bis auf Didi, der fuhr tanken.)

SEIFENKISTENSONNTAG

Nachdem uns Oma am nächsten Morgen alle noch mal eingenordet hatte, machten wir uns in südlicher Richtung bergauf auf den Weg zum Start. Didi fuhr mit Üttchen voraus, Oma schob den Neckermann («Schaffta nich, den Berch!»), Papa, Onkel Friedlich und mein Großcousin schoben «Das fliegende Schwein», ich saß darin (einer musste ja lenken), und Mama, Tante Creme und meine Großcousine schleppten zu dritt meinen fetten Bruder.

Ein paar wenige Seifenkisten brausten uns bereits entgegen, schienen aber eher einem Grobtuning unterzogen worden zu sein und verschwanden auch schon mal rechts oder links in Büschen oder Jägerzäunen, hinterherlaufende Väter schrien Sätze wie «Zieh nach rechts! Zieh nach rechts!!» oder «Weiter links! Weiter links!!».

Hätte mir jemand solche Sätze hinterhergerufen, es hätte ähnlich ausgesehen.

Oma lächelte bei jedem Unfall und nickte wissend.

Und auch ich wusste Bescheid.

All diese halbherzig zusammengefriemelten Rollschatullen stellten für «Das fliegende Schwein» keine Gefahr da.

Als wir am Startpunkt ankamen, war bereits alles vor Ort, was Rang und Namen hatte, und die anderen ebenfalls. Auch Onkel Helmut stand dort. Neben ihm ein Miniaturfeuerwehrwagen und ein brav aussehender Junge. Ich musste zweimal hinsehen, dann erkannte ich, es war der fiese Hennes mit Seitenscheitel. Onkel Helmut redete auf ihn ein und strich währenddessen immer wieder über die korrekte Frisur, auf dass die so blieb, wie sie war.

Als er uns sah, ließ er davon ab und kam auf uns zu.

«Och!», sagte Onkel Helmut lächelnd. «Das is abba schön, dassa mitmacht! Habbich schon jehört!»

«Jau», sagte Oma ebenfalls lächelnd. «Hatt sich rumjesprochen, ne?»

«Jau», sagte Onkel Helmut. «Und so 'n süßes Schweinchen happta da jebaut, seh ich.»

«Siehste, ne?», sagte Oma.

«Sieht ja nich so schnell aus.» Onkel Helmuts kritischer Blick glitt über unser formidables Meisterwerk. «Abba is ja füre Kinder, ne?»

«Jau», sagte Oma. «Is ja füre Kinder!»

«Soll ja Schpass machen, ne?» Onkel Helmut lachte.

«Jau», sagte Oma. «Is ja nich so schlimm, wenns nich so schnell is, ne?»

«Nee, is nich schlimm. Soll ja Schpass machen. Is ja füre Kinder.» Onkel Helmuts Lachen war plötzlich wie eingefroren, und er machte einen Schritt auf Oma zu.

Dann sagte er leise: «Wer jewinnen tut, wissen wa ja.» Und grinste.

«Mit Wissen kennste dich ja aus», sagte Oma lässig und ließ ihn stehen.

Als ich samt Kiste auf meinen Platz geschoben worden war, kam der fies gescheitelte Hennes auf mich zu und sagte: «Och! Guck ma einer an! Die rosane Sau! Will auch hinter mir herjuckeln!»

Ich machte mein Bert-aus-der-Sesamstraße-Gesicht, und Biggi und Banda machten das intergalaktische Zeichen für «Ich wünsche Ihnen einen guten Tag».

Von irgendwo weiter weg rief Onkel Helmut: «Henni! Starti!»

Der fiese Hennes schnaubte aus den Nüstern und sah sehr unzufrieden aus.

«Starti, Starti, Henni!», sagte ich.

Dann zog er ab.

Jetzt galt's!

In wenigen Momenten würden wir die gefürchtete «Feuerwehr Helmut» in Aktion erleben. Didi und Üttchen saßen bereit auf dem Mofa. Der fiese Hennes setzte seinen Helm auf (natürlich ein echter Feuerwehrhelm), zog seine Handschuhe an (natürlich echte Feuerwehrhandschuhe) und setzte sich in sein Gefährt. Onkel Helmut und drei andere (natürlich echte Feuerwehrmänner – Angeber!) schoben ihn zur Startlinie.

Ein Mann aus dem Seifenkistenrennenkomitee zielte mit einem Luftgewehr in den Himmel und schrie: «Auf die Plätze, fertich, los!», und schoss.

Üttchen drückte die Stoppuhr.

Die ersten zehn Meter durfte man anschieben, dann musste die Kiste von alleine rollen. Die kräftigen Feuerwehrmänner und Onkel Helmut holten alles, was sie hatten, aus den Ärmeln und schubsten die Karre den Berg hinab.

Didi fuhr an.

Mistekiste!

«Feuerwehr Helmut» war wirklich verdammt flott unterwegs.

Direkt vor uns fiel eine Ente tot auf den Asphalt.

Auf dem Gesicht des Mannes aus dem Seifenkistenrennenkomitee mit dem Luftgewehr in der Hand sah man ein flüchtiges Lächeln. Ich überlegte, dass er wohl überlegte, ob er nächstes Jahr nicht mal sein Glück als Schützenkönig versuchen sollte.

«Feuerwehr Helmut» war bereits am Mühlenbrink vorbei und schoss nun straßabwärts Richtung Aspe – und damit aus unserem Sichtfeld.

Doch Didi und Üttchen waren ihr auf den Fersen.

Oma knibbelte nervös mit ihren Schneidezähnen an ihrer Unterlippe.

Ein anderer Mann aus dem Seifenkistenrennenkomitee kam und sagte, wir seien nun dran.

«So ’n Quatsch!», sagte Oma, deutete auf irgendeinen Jungen und befahl: «Du bist!»

Wir mussten ja warten, bis Didi und Üttchen mit Mofa und Stoppuhr wieder hier waren.

Das waren sie dann auch irgendwann, und Didi bremste direkt neben uns, und Üttchen flüsterte: «Eine Minute fünfzehn!»

«In Ochtnung», sagte Oma. «Ab dafür!»

Ich wurde in meiner Kiste zur Startlinie geschoben, der Mann aus dem Seifenkistenrennenkomitee sagte: «Auf die Plätze, fertich, los!», und schoss, und Üttchen drückte die Uhr, und Onkel Friedlich und mein Großcousin und Papa und Oma höchstselbst schoben mich an und dann – flog «Das fliegende Schwein» los!

Alles war perfekt. Ich hatte eine stabile Straßenlage, Biggi und Banda das Steuer fest im Griff, die Sicht war gut.

Ich fuhr so schnell, dass ich zuerst dachte, es wäre eine weiße Wand rechts neben mir (oder links), doch es waren bloß die schwarz-weißen Pömpel am Straßenrand, die die Autofahrer daran erinnern sollten, wo der Graben anfing. Irgendwo hinter mir röhrte das Mofa, irgendwo vor mir lag mein Ziel.

Ich war auf dem Weg. Ich fühlte mich wild und frei und unbeschwert. Mein ganzes Leben lag noch vor mir, der Mühlenbrink nun hinter mir.

Nach Aspe hinab nahm ich noch mal richtig Fahrt auf.

Tante Hilde stand mit ihrem Fahrrad am Straßenrand, aber da ich allein war, konnte sie nicht fragen, wie es «ihm» geht. Sie drückte demonstrativ beide Daumen und hielt sie in die Luft.

Auch Knetterheide war auf Aspes Seite.

Ich passierte mein Königreich, der Sandberg glitzerte im Sonnenlicht.

Auf der anderen Straßenseite schob der fiese Hennes seine «Feuerwehr Helmut» bergauf und sah mir mit offenem Mund hinterher.

Ich schoss an den hohen Tannen vorbei, dann am Jägerzaun und raste nun die letzten Meter der Lockhauser Straße hinab, noch kurz vorbei an Spilker und Friedhof, und dann sah ich auch schon die Ziellinie. Hinter ihr standen mehrere Männer aus dem Seifenkistenrennenkomitee, um die Teilnehmer abzubremsen, bevor diese drohten, auf den Zubringer zu rollen. So taten sie es auch bei mir.

Es war eine perfekte Fahrt gewesen. Ich hatte alles gegeben, «Das fliegende Schwein» hatte alles gegeben.

Besser ging nicht!

Ich stieg aus, und Didi und Üttchen rollten heran, und Üttchen flüsterte laut: «Eine Minute dreiundfünfzig!»

Nein!

Das durfte nicht sein!

Das konnte nicht sein!!

Neeeeeeeeeiiiiiiiiiiiiiiiiiiiin!

Ich fiel in Ohnmacht.